Arlequin valet de deux maîtres

ISBN 2-85181-000-6
Titre original :
Il servitore di due padroni

86, rue Bonaparte, Paris VIe

ARLEQUIN, VALET DE DEUX MAITRES

PREMIER ACTE

TABLEAU 1

L' « altane » — c'est-à-dire la terrasse supérieure — de la maison de Pantalon.

Pantalon, le Docteur, Clarice, Silvio, Brighella, Sméraldine et un Serviteur de Pantalon sont en scène.

SILVIO, *tendant sa main droite à Clarice.* — Voici ma main, Clarice, et, avec elle, c'est mon cœur tout entier que je vous offre.

PANTALON, *à Clarice.* — Allons, madame ma fille, ne rougissez pas et donnez-lui, vous aussi, votre main. Comme cela, vous serez fiancés et l'on vous mariera dans les plus courts délais.

CLARICE. — Oui, cher Silvio, voici ma main. Je serai votre épouse, je vous le promets.

SILVIO. — Et moi, je serai votre époux, je vous le promets pareillement.

Ils se donnent la main.

LE DOCTEUR. — Bravo, bravissimo ! Voilà une bonne chose de faite. A présent, plus moyen de reculer.

SMÉRALDINE, *à part.* — Sont-ils assez gentils ! Je meurs d'envie de me marier, moi aussi !

PANTALON, *à Brighella et à son Serviteur.* — Vous êtes témoins tous les deux de la promesse de mariage qui lie désormais ma fille Clarice et monsieur Silvio, le très digne fils de monsieur le docteur Lombardi.

BRIGHELLA, *à Pantalon.* — Oui, monsieur mon compère, et je vous remercie de l'honneur que vous voulez bien me faire.

Pantalon. — Vous voyez ? J'ai été témoin à votre mariage et vous l'êtes à celui de ma fille. Je n'ai pas demandé à d'autres amis de venir, je n'ai pas invité de parents, parce que monsieur le docteur est du même tempérament que moi : nous autres, nous aimons faire les choses sans bruit, à la bonne franquette ! Nous allons manger ensemble, nous nous amuserons entre nous et personne ne nous dérangera. (*A Clarice et à Silvio* :) Qu'en dites-vous, mes enfants ? Avons-nous raison ?

Silvio. — Moi, je n'ai d'autre désir que d'être auprès de ma bien-aimée fiancée.

Sméraldine, *à part*. — Comme je le comprends ! L'amour, c'est le meilleur des menus !

Le Docteur. — Mon fils n'a point de goût pour les vanités. C'est un jeune homme de cœur. Il aime votre fille et tout le reste lui est indifférent.

Pantalon. — On peut vraiment dire que ce mariage était écrit dans le ciel, car, si monsieur Federigo Rasponi, mon correspondant de Turin, n'était pas mort, comme, ainsi que vous le savez, je lui avais promis ma fille en mariage, elle n'aurait pas pu devenir l'épouse de monsieur mon cher futur gendre.

Silvio. — Je puis certes dire que je suis chanceux. Mais je ne sais si madame Clarice en dira autant.

Clarice. — Vous êtes injuste, cher Silvio. Vous savez pourtant combien je vous aime. Pour obéir à mon père, j'aurais épousé ce Turinois, mais vous avez toujours été le maître de mon cœur.

Le Docteur. — Eh oui, c'est bien vrai : quand le ciel a décrété une chose, il la fait advenir par des voies imprévues. (*A Pantalon* :) Comment ce Federigo Rasponi est-il mort ?

Pantalon. — Le pauvret ! Il a été tué une nuit. Un duel, à cause de sa sœur, paraît-il. Je n'en sais pas davantage.

Brighella, *à Pantalon*. — Ce triste événement s'est passé à Turin ?

Pantalon. — A Turin, oui.

Brighella. — Oh, pauvre monsieur Federigo ! Cela me désole infiniment.

Pantalon, *à Brighella*. — Vous connaissiez monsieur Federigo Rasponi ?

Brighella. — Je pense bien que je le connaissais. J'ai séjourné trois ans à Turin et j'ai également connu sa sœur. Une jeune personne pleine d'esprit et de courage, que Monsieur Federigo aimait énormément. Oh ! qui eût jamais pu s'attendre à ça !

Pantalon. — Que voulez-vous ! Le malheur vous guette à tous les coins de rue. Allons, ne parlons plus de choses tristes. Vous savez ce que je vais vous dire, cher compère Brighella ? Je sais que vous vous flattez d'être un excellent cuisinier. Eh bien, je voudrais que vous nous prépariez deux ou trois petits plats de votre façon.

Brighella. — On ne peut plus volontiers. Ce n'est pas pour dire, mais tous mes clients sont satisfaits. Ils disent que, nulle part, on ne mange aussi bien que chez moi. Vous allez voir ce que je vais vous servir : vous vous régalerez.

Pantalon. — Bravo ! Et surtout, que ce soient des plats avec beaucoup de sauce, qu'on puisse y tremper des mouillettes. (*On entend frapper.*) Oh ! on frappe. Va voir qui c'est, Sméraldine.

Sméraldine. — Tout de suite.

Elle sort.

Clarice. — Avec votre permission, monsieur mon père...

Pantalon. — Attendez. Voyons d'abord qui c'est et puis nous rentrerons tous ensemble.

Sméraldine, *rentrant.* — Monsieur, c'est le serviteur d'un étranger, qui a une commission à vous faire. A moi, il n'a rien voulu dire d'autre que : « Je désire parler à votre maître. »

Pantalon. — Dites-lui de monter. Nous verrons ce qu'il veut.

Sméraldine. — Bien, monsieur.

Elle sort.

Clarice. — Permettez-nous de nous retirer, monsieur mon père.

Pantalon. — Où ça ?

Clarice. — Je ne sais pas, moi ! Dans ma chambre.

Pantalon. — Non, non, madame : vous allez rester là. (*Bas, au Docteur :*) Le moment n'est pas encore venu de laisser ces jeunes gens seuls ensemble.

LE DOCTEUR, *bas, à Pantalon.* — Voilà qui est sage ! voilà qui est prudent !

Arlequin entre avec Sméraldine.

ARLEQUIN. — Je fais ma très humble révérence à toutes Vos Seigneuries. Oh ! quelle noble compagnie ! Oh ! quelle belle société !

PANTALON, *à Arlequin.* — Qui êtes-vous, mon ami ? Que désirez-vous ?

ARLEQUIN, *à Pantalon, montrant Clarice.* — Qui est cette gracieuse dame ?

PANTALON. — C'est ma fille.

ARLEQUIN. — Je m'en réjouis fort.

SMÉRALDINE, *à Arlequin.* — Et, de plus, elle est fiancée.

ARLEQUIN, *à Sméraldine.* — J'en suis bien aise. Et vous, madame, qui êtes-vous ?

SMÉRALDINE. — Je suis la femme de chambre de madame, monsieur.

ARLEQUIN. — Je m'en congratule.

PANTALON. — Allons, monsieur, assez de cérémonies ! Que me voulez-vous ? Qui êtes-vous ? Qui vous envoie ?

ARLEQUIN. — Doucement, doucement, au pas, au pas ! Trois questions d'un seul coup, c'est trop pour un pauvre homme.

PANTALON, *bas, au Docteur.* — Je crois que ce garçon est un niais.

LE DOCTEUR, *bas, à Pantalon.* — Il m'a plutôt l'air d'un farceur.

ARLEQUIN, *à Sméraldine.* — Votre Seigneurie est-elle mariée ?

SMÉRALDINE, *soupirant.* — Hélas, non, monsieur.

PANTALON, *à Arlequin.* — Veuillez me dire qui vous êtes, sinon allez-vous en !

ARLEQUIN. — Si c'est tout ce que vous désirez savoir, je vais vous satisfaire en deux mots. Je suis le valet de mon maître. (*Se tournant vers Sméraldine :*) Donc, pour revenir à nos moutons...

PANTALON, *à Arlequin.* — Mais qui est votre maître ?

ARLEQUIN. — C'est un étranger qui voudrait venir vous rendre une petite visite. (*Même jeu, à Sméraldine :*) Nous causerons de cette histoire de mariage.

PANTALON, *à Arlequin.* — Cet étranger, qui est-ce ? Comment s'appelle-t-il ?

ARLEQUIN. — Ça, il faut plus de deux mots pour vous le dire. C'est monsieur Federigo Rasponi de Turin, c'est mon maître, il vous salue, il est arrivé par le coche d'eau, il est en bas, il m'envoie en ambassade, il voudrait vous saluer, il m'attend avec la réponse. Vous êtes satisfait ? Vous voulez en savoir davantage ? (*Tout le monde, entendant cela, manifeste son étonnement. Se tournant de nouveau vers Sméraldine :*) Revenons à nous...

PANTALON, *à Arlequin.* — Mais venez donc ici et parlez-moi ! Que diable racontez-vous ?

ARLEQUIN. — Et si vous désirez savoir qui je suis, moi, je suis Arlequin Batocchio, natif de Bergame.

PANTALON. — Peu m'importe qui vous êtes. Je voudrais que vous me disiez de nouveau qui est votre maître. J'ai peur d'avoir mal entendu.

ARLEQUIN. — Pauvre vieillard ! Il est sans doute dur d'oreille. Mon maître, c'est monsieur Federigo Rasponi de Turin.

PANTALON. — Allez, allez, vous êtes fou à lier. Monsieur Federigo Rasponi de Turin est mort.

ARLEQUIN. — Il est mort?

PANTALON. — Bien sûr, il est mort. Malheureusement pour lui.

ARLEQUIN, *à part.* — Diable ! Mon maître serait mort ? Je l'ai pourtant laissé vivant en bas. (*Haut :*) Sérieusement, il est mort ?

PANTALON. — Je vous dis qu'il est mort, tout à fait mort.

LE DOCTEUR. — Oui, c'est la vérité : il est mort. Il ne peut pas y avoir le moindre doute.

ARLEQUIN, *à part.* — Oh, mon pauvre maître ! Il a dû lui arriver un accident. (*Haut :*) Avec votre permission...

PANTALON. — C'est tout ce que vous me voulez ?

ARLEQUIN, *se dirigeant vers la sortie.* — S'il est mort, je n'ai plus rien à faire ici. (*A part :*) Je vais bien voir si c'est vrai.

Il sort.

PANTALON. — Qu'est-ce que vous en pensez ? Est-ce un coquin ou est-ce un fou ?

LE DOCTEUR. — Je ne sais que dire. Il m'a l'air d'être un peu l'un et un peu l'autre.

BRIGHELLA. — Moi, je crois plutôt que c'est un benêt. C'est un Bergamasque et ça m'étonnerait que ce soit un vaurien.

SMÉRALDINE. — Il ne manque en tout cas pas de suite dans les idées. (*A part* :) Il ne me déplaît pas, ce petit brunet.

PANTALON. — Mais qu'est-ce que c'est que cette histoire de monsieur Federigo ?

CLARICE. — S'il était vrai qu'il est à Venise, ce serait pour moi une nouvelle bien fâcheuse.

PANTALON, *à Clarice.* — Ne dites donc pas de bêtises ! Vous n'avez pas vu les lettres nous annonçant sa mort ?

SILVIO. — Même s'il est vivant et qu'il soit ici, il arriverait trop tard.

ARLEQUIN, *reparaissant.* — Messieurs et la compagnie, je suis surpris, étonné, ébahi ! On n'agit pas ainsi avec les pauvres gens. On ne trompe pas ainsi les étrangers. Ce n'est pas là se conduire honnêtement. Et je m'en ferai rendre compte.

PANTALON, *en aparté.* — Quand je vous disais qu'il est fou ! (*A Arlequin* :) Qu'y a-t-il ? Que vous a-t-on fait ?

ARLEQUIN. — Venir me raconter que monsieur Federigo Rasponi est mort !

PANTALON. — Et alors ?

ARLEQUIN. — Et alors, il est là, vivant, en bonne santé, plein de fougue et de vigueur, et qui désire vous saluer, si vous y consentez.

PANTALON. — Monsieur Federigo ?

ARLEQUIN. — Monsieur Federigo.

PANTALON. — Rasponi ?

ARLEQUIN. — Rasponi.

PANTALON. — De Turin ?

ARLEQUIN. — De Turin.

PANTALON. — Mon enfant, courez à l'hôpital vous faire soigner : vous êtes fou !

ARLEQUIN. — Par la rate du diable ! Oh ! vous me feriez blasphémer comme un joueur. Mais puisqu'il est là, chez vous, dans l'escalier, et que la peste vous prenne !

Pantalon. — D'ici un instant, je m'en vais te caresser les côtes !

Le Docteur. — Non, monsieur Pantalon, non ! Dites plutôt à ce garçon de faire venir cette personne qu'il croit être Federigo Rasponi.

Pantalon. — Oui, oui, faites-le venir, ce mort ressuscité.

Arlequin. — Qu'il soit mort et qu'il soit ressuscité, c'est possible : moi, je n'ai rien contre. Je vais lui dire de venir. Mais dorénavant apprenez à vous mieux conduire avec les étrangers, avec les hommes de mon espèce, avec un honorable Bergamasque. (*Ce qui précède, à Pantalon, avec colère. A Sméraldine :*) Ma mignonne, en temps utile, nous causerons.

Il sort.

Clarice, *bas, à Silvio.* — Silvio, mon bien-aimé, je tremble comme une feuille.

Silvio, *bas, à Clarice.* — Ne craignez rien : quoi qu'il arrive, vous serez mienne.

Le Docteur. — A présent, nous allons en avoir le cœur net.

Pantalon. — C'est peut-être un fripon quelconque qui va essayer de me faire avaler des sornettes.

Brighella. — Comme je vous le disais, monsieur mon compère, j'ai connu monsieur Federigo. Nous verrons bien si c'est lui.

Sméraldine, *à part.* — Et pourtant ce petit brunet n'a pas la physionomie d'un menteur. Je vais voir si je ne pourrais pas... (*Haut :*) Avec votre permission...

Elle sort. Béatrice paraît, habillée en homme.

Béatrice. — Monsieur Pantalon, la façon dont vous me traitez ne correspond guère à la courtoisie que j'ai admirée dans vos lettres. Je vous envoie mon serviteur pour qu'il vous annonce ma venue, et vous me faites attendre dans la rue et ne daignez me laisser entrer qu'au bout d'une demiheure.

Pantalon. — Veuillez m'excuser, je... Mais qui êtes-vous, monsieur ?

Béatrice. — Federigo Rasponi de Turin, pour vous servir.

Tous manifestent leur stupéfaction.

BRIGHELLA, *à part.* — Que vois-je ? Qu'entends-je ? Qu'est-ce que c'est que cette histoire ? Ce n'est pas là monsieur Federigo, mais madame Béatrice, sa sœur. Oh, oh, d'ici qu'il y ait de la contrebande là-dessous !

PANTALON. — Je suis abasourdi, je... Mais je me réjouis néanmoins de vous voir vivant et en bonne santé, car nous avions eu de bien mauvaises nouvelles de vous. (*Bas, au Docteur :*) Je dis ça comme ça, mais, vous savez, je suis loin d'être convaincu...

BÉATRICE. — Je le sais : le bruit a couru que j'avais été tué en duel. Grâce au ciel, j'ai été seulement blessé, et, aussitôt rétabli, je me suis mis en route pour Venise, comme nous en étions convenus, vous et moi, depuis déjà longtemps.

PANTALON. — Je ne sais que dire. Vous avez la mine d'un honnête homme, mais il m'a été affirmé de façon aussi péremptoire que formelle que monsieur Federigo était mort, c'est pourquoi, vous comprenez... si vous ne me donnez pas la preuve du contraire...

BÉATRICE. — Vos doutes sont on ne peut plus fondés et je reconnais qu'il m'appartient de les dissiper. Voici quatre lettres de correspondants et d'amis à vous, et l'une d'entre elles du propre directeur de votre banque. Vous ne pourrez que reconnaître les signatures, et, de la sorte, vous vous convaincrez que je suis bien moi-même.

Elle donne quatre lettres à Pantalon et celui-ci se met à les lire.

CLARICE, *bas, à Silvio.* — Ah, Silvio, nous sommes perdus !

SILVIO, *bas, à Clarice.* — Je perdrai peut-être la vie, mais, vous, je ne vous perdrai pas !

BÉATRICE, *à part, voyant Brighella.* — Ciel ! Brighella ! Qu'est-ce qu'il peut bien faire ici ? Il va certainement me reconnaître ; je ne voudrais pas qu'il me trahisse. (*Haut, à Brighella :*) Il me semble vous connaître, mon ami.

BRIGHELLA. — Eh oui, monsieur, vous ne vous rappelez pas Brighella Cavicchio, à Turin ?

BÉATRICE. — Ah si, à présent, je vous reconnais. (*Se rapprochant de Brighella :*) Que faites-vous à Venise, mon brave homme ? (*A mi-voix :*) Pour l'amour du ciel, ne me trahissez pas !

BRIGHELLA, *bas, à Béatrice.* — C'est que... (*Haut :*) Je suis hôtelier, pour vous servir.

BÉATRICE. — Oh, cela tombe à pic ! Puisque j'ai le plaisir de vous connaître, je vais venir loger chez vous. (*Bas :*) Dix pistoles pour vous !

BRIGHELLA. — C'est un honneur que vous me ferez. (*A part :*) Je l'avais deviné tout de suite, il y a certainement de la contrebande là-dessous.

PANTALON. — J'ai tout lu. Il est évident que ces lettres ont été écrites pour servir d'introduction auprès de moi à monsieur Federigo Rasponi, et puisque vous me les présentez, il me faut bien croire que vous êtes... ce que disent ces lettres.

BÉATRICE. — S'il vous restait encore quelque doute, monsieur Brighella, ici présent, me connaît et peut vous certifier que je suis bien moi. (*Bas, à Brighella :*) Dix pistoles !

BRIGHELLA. — Oui, oui, monsieur mon compère, je le certifie : monsieur est bien monsieur Federigo Rasponi. (*A part :*) Qu'est-ce qu'on ne ferait pas pour dix pistoles !

PANTALON. — S'il en est ainsi, et puisque, outre ces lettres, mon compère Brighella me l'atteste également, je me réjouis de vous voir en vie et je vous prie de me pardonner mes doutes.

CLARICE. — Monsieur mon père, ce monsieur est donc monsieur Federigo Rasponi ?

PANTALON. — Mais oui, c'est bien lui.

CLARICE, *bas, à Silvio.* — Que je suis malheureuse ! Que va-t-il nous arriver ?

SILVIO, *bas, à Clarice.* — N'ayez pas peur, vous dis-je : vous êtes mienne et je vous défendrai.

PANTALON, *bas, au Docteur.* — Qu'en pensez-vous, docteur, arrive-t-il trop tard ?

LE DOCTEUR. — *Accidit in puncto, quod non contingit in anno !*

PANTALON, *à part.* — Je suis bien avancé !

BÉATRICE, *montrant Clarice.* — Qui est cette dame, monsieur Pantalon ?

PANTALON. — C'est ma fille Clarice.

BÉATRICE. — Ma future épouse ?

PANTALON. — Oui, monsieur, tout juste. (*A part :*) Me voilà dans un beau pétrin !

BÉATRICE, *à Clarice.* — Madame, accordez-moi l'honneur de vous présenter mes hommages.

CLARICE, *sèchement.* — Votre dévouée servante.

BÉATRICE, *à Pantalon.* — Elle m'accueille bien froidement.

PANTALON. — Que voulez-vous ? Elle est d'un naturel timide.

BÉATRICE, *à Pantalon, en lui montrant Silvio.* — Et ce monsieur, c'est l'un de vos parents ?

PANTALON, *vivement.* — Oui, monsieur, c'est l'un de mes neveux.

SILVIO, *à Béatrice.* — Non, monsieur, je ne suis nullement son neveu, je suis le fiancé de madame Clarice.

LE DOCTEUR, *bas, à Silvio.* — Bravo ! Mais ne t'emporte pas ! Dis posément ce que tu as à dire.

BÉATRICE. — Comment ? Vous, le fiancé de madame Clarice ? Sa main ne m'a-t-elle pas été promise ?

PANTALON. — Bon, bon, je vais tout vous expliquer. Cher monsieur Federigo, comme je croyais que vous aviez vraiment le malheur d'être mort, j'avais donné ma fille à monsieur Silvio : il n'y a pas de mal à cela, je pense ! Finalement, vous êtes là et vous arrivez encore à temps. Si vous voulez d'elle, Clarice est à vous et je suis prêt à tenir ma parole. Monsieur Silvio, je ne sais que dire, mais vous pouvez vous rendre compte par vous-même de la situation. Je vous avais mis au courant, vous le savez, et vous ne pouvez pas me faire de reproche.

SILVIO. — Je suis sûr que monsieur Federigo ne voudra pas prendre pour femme une jeune fille qui a donné sa foi à un autre.

BÉATRICE. — Oh ! je ne suis pas si délicat. Je la prendrai ce nonobstant. (*A part :*) J'ai envie de m'amuser un peu.

LE DOCTEUR, *à part.* — Un mari tout à fait à la mode ! Il est charmant.

BÉATRICE. — J'espère que madame Clarice ne refusera pas ma main.

SILVIO. — Oh, quoi, monsieur, vous arrivez trop tard. Clarice doit être ma femme, et n'espérez pas que je vous la cède. Si monsieur Pantalon me manque de parole, je saurai m'en venger, et si quelqu'un veut me ravir ma Clarice, c'est à mon épée qu'il devra la disputer.

Il sort.

LE DOCTEUR, *à part.* — Bravo, corbleu, bravo !

BÉATRICE, *à part.* — Non, non, ce n'est pas ainsi que je veux mourir.

LE DOCTEUR, *à Béatrice.* — Mon cher, Votre Seigneurie arrive un peu tard. C'est mon fils que madame Clarice doit épouser. *Prior in tempore, potior in jure.* La loi est formelle.

Il sort.

BÉATRICE, *à Clarice.* — Et vous, madame ma promise, vous ne dites rien ?

CLARICE. — Je dis que vous êtes venu me torturer.

Elle sort.

PANTALON, *voulant lui courir après.* — Comment, péronnelle ? Qu'est-ce que tu dis ?

BÉATRICE. — Calmez-vous, monsieur Pantalon. Je la plains et je la comprends. Il ne faut pas la prendre par la sévérité. Avec le temps, j'espère pouvoir mériter ses bonnes grâces. En attendant, nous allons examiner nos comptes, car, comme vous le savez, c'est là l'une des deux raisons qui m'ont amené à Venise.

PANTALON. — En ce qui concerne nos comptes, tout est en ordre. Je vais vous faire voir mes livres. Il y a beaucoup d'argent qui vous attend, et il vous sera versé quand vous le voudrez.

BÉATRICE. — Je reviendrai m'entretenir avec vous plus à loisir ; pour le moment, si vous le permettez, je vais aller avec Brighella expédier quelques menues affaires dont j'ai été chargé. Connaissant Venise, il pourra m'être d'un grand secours.

PANTALON. — Faites à votre guise et, si vous avez besoin de la moindre chose, je suis à votre disposition.

BÉATRICE. — Si vous vouliez bien me donner un peu d'argent, vous me rendriez service. Je suis parti de Turin avec le strict nécessaire, pour ne pas perdre au change.

PANTALON. — Volontiers, cher monsieur. A présent, mon caissier n'est pas là, mais, dès qu'il arrivera, je vous enverrai votre argent. Vous allez bien loger chez mon compère Brighella ?

BÉATRICE. — Oui, naturellement. Je vous enverrai mon serviteur ; c'est un garçon de confiance, dont on peut être sûr.

PANTALON. — Parfait ! Je lui remettrai la somme en question, et si vous voulez faire pénitence en partageant mon repas, vous serez le bienvenu.

BÉATRICE. — Permettez-moi aujourd'hui de ne pas accepter votre aimable invitation. Une autre fois, j'abuserai volontiers de votre hospitalité.

PANTALON. — Vous êtes ici chez vous.

LE SERVITEUR DE PANTALON, *entrant.* — Monsieur, on vous demande.

PANTALON. — Qui ça ?

LE SERVITEUR. — Quelqu'un... je ne sais pas très bien... (*Bas, à Pantalon :*) Il y a du grabuge.

Il sort.

PANTALON. — Je viens tout de suite. (*A Béatrice :*) Avec votre permission. Excusez-moi si je vous fausse compagnie. Brighella, vous êtes de la maison : tenez-vous à la disposition de monsieur Federigo.

BÉATRICE. — Ne vous mettez pas en peine pour moi.

PANTALON. — Il faut que je m'en aille. Au plaisir de vous revoir. (*A part :*) Je ne voudrais pas que les choses se gâtent.

Il sort.

BRIGHELLA. — Peut-on savoir, madame Béatrice ?...

BÉATRICE, *vivement.* — Taisez-vous, pour l'amour du ciel, ne me trahissez pas ! Mon pauvre frère est mort, tué en duel à cause de monsieur Florindo Aretusi. Vous vous rappelez sans doute que monsieur Florindo m'aimait et que mon frère ne voulait pas que je répondisse à son amour. Toujours est-il qu'il y a eu duel et que, Federigo ayant été tué, Florindo, redoutant à juste titre qu'on ne l'accuse de cette mort, s'est enfui sans même pouvoir prendre congé de moi. Dieu sait si je suis désolée de la mort de Federigo et combien de larmes elle m'a coûtées, mais, maintenant, il n'y a plus de remède et je souffre d'avoir perdu Florindo. Apprenant qu'il avait pris la direction de Venise, j'ai décidé de le suivre, et c'est pourquoi vous me voyez maintenant vêtue des habits de mon frère : munie de ses lettres de créance, je suis venue ici avec l'espoir d'y retrouver mon amant. Grâce à ces lettres et grâce, surtout, à votre assertion, monsieur Pantalon me croit Federigo. Nous allons solder nos comptes et, avec l'argent que je toucherai, je pourrai, si besoin est, secourir Florindo. Vous voyez à quoi mène l'amour ! Secondez-moi, cher Brighella, aidez-moi : vous serez largement récompensé.

BRIGHELLA. — Tout cela est très joli, mais je ne voudrais pas être cause que monsieur Pantalon, de bonne foi, vous verse cet argent et que cela lui retombe sur le nez.

BÉATRICE. — Mais, mon frère étant mort, ne suis-je pas son héritière ?

BRIGHELLA. — Oui, c'est vrai. Mais alors, pourquoi ne pas vous faire connaître ?

BÉATRICE. — Si je me fais connaître, je n'arriverai à rien. Monsieur Pantalon commencera par vouloir me servir de tuteur, et j'aurai tout le monde sur le dos, à me dire : « cela n'est pas bien, cela ne se fait pas », et que sais-je encore ? Je veux être libre. Cela durera ce que ça pourra, mais, en attendant, il y aura peut-être du nouveau.

BRIGHELLA. — Vraiment, madame, vous avez toujours été un drôle de petit caractère. Fiez-vous à moi, comptez sur ma loyauté et disposez de moi.

BÉATRICE. — Conduisez-moi à votre hôtellerie.

BRIGHELLA. — Et votre serviteur, où est-il ?

BÉATRICE. — Il m'a dit qu'il m'attendrait dans la rue.

BRIGHELLA. — Où l'avez-vous trouvé, ce nigaud ? Il ne sait même pas parler.

BÉATRICE. — Je l'ai engagé en cours de route. Il a parfois l'air sot, mais il ne l'est pas ; et quant à la fidélité, je ne peux pas me plaindre.

BRIGHELLA. — Ah, la fidélité est une belle chose. Je suis à vos ordres ; venez. Mais, tout de même, ce que l'amour peut faire faire !

BÉATRICE. — Ceci n'est rien. L'amour en fait faire de bien pires !

Elle sort.

BRIGHELLA. — Pour un début, ce n'est déjà pas mal. Dieu sait ce que nous réserve la suite !

Il sort.

TABLEAU 2

La rue où se trouve l'auberge de Brighella.

ARLEQUIN, *seul.* — Je n'en peux plus, j'en ai par-dessus la tête d'attendre. Avec ce maître qui est le mien, on mange peu, et ce peu, il vous fait soupirer après. Il y a une demi-heure que midi a sonné au carillon de la ville, mais il doit bien y avoir deux heures qu'il a sonné au carillon de mon estomac. Si seulement je savais où nous allons loger ! La première chose que font les autres, dès qu'ils arrivent dans une ville, c'est d'aller à l'auberge. Mais lui, non : il laisse ses bagages sur le coche d'eau, il va faire des visites et il ne pense pas à son pauvre valet. Quand on nous dit qu'il faut servir son maître avec amour, on devrait bien dire aussi aux maîtres d'avoir un peu pitié de leurs serviteurs. Tiens, une hôtellerie ! Pour un peu, j'irais voir si, dans cette hôtellerie, il n'y aurait pas quelque chose à me mettre sous la dent. Mais si mon maître me cherche ? Tant pis pour lui, ça lui apprendra un peu à se conduire. Oui, je vais y aller ; mais, j'y pense, il y a une autre difficulté : j'oubliais que je n'ai même pas un petit sou. Oh ! pauvre Arlequin ! Par la rate du diable, plutôt que de faire ce métier de valet, je vais me mettre à faire... quoi donc ? Grâce au ciel, je ne sais rien faire.

Florindo paraît, en tenue de voyage, suivi d'un portefaix qui a une malle sur le dos.

LE PORTEFAIX. — Je vous dis que je n'en peux plus ; cette malle pèse une tonne.

FLORINDO. — Je vois là-bas l'enseigne d'une auberge ou d'une hôtellerie. Tu ne peux pas faire ces quelques pas ?

LE PORTEFAIX. — Au secours ! la malle va me tomber du dos.

FLORINDO, *remettant la malle sur le dos du portefaix.* — Je t'avais bien dit que tu n'étais pas l'homme qu'il me fallait. Tu es trop faible, tu n'as pas de force.

ARLEQUIN, *à part, observant le portefaix.* — Si je pouvais gagner dix sous ! (*Haut, à Florindo :*) Puis-je vous être utile, monsieur ? Je suis à vos ordres.

FLORINDO. — Vous êtes bien aimable, mon brave homme. Aidez-le à porter cette malle jusqu'à cette hôtellerie.

ARLEQUIN. — Tout de suite, laissez-moi faire. Vous allez voir comment on s'y prend. (*Glissant une épaule sous la malle, il la prend sur son dos, et, en même temps, d'une bourrade, il fait tomber le portefaix.*) Passe-moi ça.

FLORINDO. — Bravo !

ARLEQUIN. — Une vraie plume, cette malle !

La malle sur le dos, il entre dans l'hôtellerie.

Florindo, *au portefaix.* — Vous voyez comment il faut s'y prendre ?

Le Portefaix. — Je ne peux pas faire mieux. Si je suis portefaix, c'est le malheur qui l'a voulu, car je suis le fils d'une personne de qualité.

Florindo. — Que faisait votre père ?

Le Portefaix. — Mon père ? C'était l'équarrisseur de la ville de Venise.

Florindo, *à part.* — L'animal est plaisant !

Il se prépare à entrer dans l'hôtellerie.

Le Portefaix. — S'il vous plaît, illustrissime !

Florindo. — Quoi ?

Le Portefaix. — Les sous pour avoir porté votre malle.

Florindo. — Combien dois-je te donner pour les dix pas que tu as faits du coche d'eau à ici ?

Le Portefaix, *tendant la main.* — Je ne compte point mes pas ; payez-moi.

Florindo, *lui mettant une pièce de monnaie dans la main.* — Tiens, voilà cinq sous.

Le Portefaix, *tendant toujours la main.* — Payez-moi.

Florindo, *lui donnant une autre pièce de monnaie.* — Oh, quelle patience il faut avoir ! Tiens, voilà encore cinq sous.

Le Portefaix, *tendant toujours la main.* — Payez-moi.

Florindo, *lui donnant un coup de pied.* — Tu m'ennuies !

Le Portefaix. — A présent, j'ai mon compte.

Il sort.

Florindo, *seul.* — Il faut vraiment de tout pour faire un monde. Celui-là attendait tout bonnement que je le maltraite ! Mais allons un peu voir comment est cette hôtellerie.

Arlequin, *sortant de l'hôtellerie.* — Voilà, monsieur, c'est fait.

Florindo, *montrant l'hôtellerie.* — C'est une bonne maison ?

Arlequin. — Si c'est une bonne maison, monsieur ? Je pense bien. De bons lits, de beaux miroirs, une cuisine magnifique et dont l'odeur vous réjouit le cœur. J'ai parlé au garçon : vous serez servi comme un roi.

Florindo. — Quel est votre métier, mon brave ?

ARLEQUIN. — Celui de valet.

FLORINDO. — Vous êtes vénitien ?

ARLEQUIN. — Non, je ne suis pas vénitien, mais je suis tout de même citoyen de la Sérénissime. Bergamasque, pour vous servir.

FLORINDO. — Avez-vous un maître en ce moment ?

ARLEQUIN. — En ce moment ?... A la vérité, non.

FLORINDO. — Vous êtes sans maître ?

ARLEQUIN. — Vous me voyez devant vous et vous voyez bien que je suis sans maître. (*A part :*) Mon maître n'étant pas là, je ne dis pas de mensonges.

FLORINDO. — Voudriez-vous entrer à mon service ?

ARLEQUIN. — A votre service ? Pourquoi non ? (*A part :*) Si les conditions sont meilleures, je change de livrée.

FLORINDO. — Tout au moins pour la durée de mon séjour à Venise.

ARLEQUIN. — Très bien. Combien voulez-vous me donner ?

FLORINDO. — Combien demandez-vous ?

ARLEQUIN. — Je vais vous dire : un autre maître que j'avais et que je n'ai plus en ce moment, me donnait un philippe par mois, plus les frais.

FLORINDO. — Eh bien, je vous en donnerai autant.

ARLEQUIN. — Il faudrait que vous me donniez un petit quelque chose de plus.

FLORINDO. — Quoi ?

ARLEQUIN. — Un petit sou par jour pour mon tabac.

FLORINDO. — Entendu.

ARLEQUIN. — S'il en est ainsi, je suis votre homme.

FLORINDO. — Il me faudrait seulement quelques renseignements sur vous.

ARLEQUIN. — S'il ne vous faut que des renseignements sur moi, allez à Bergame : tout le monde vous dira qui je suis.

FLORINDO. — Vous n'avez personne à Venise qui vous connaisse ?

ARLEQUIN. — Je suis arrivé ce matin, monsieur.

FLORINDO. — Allons, vous m'avez l'air d'un homme de bien. Je vais vous prendre à l'essai.

ARLEQUIN. — Prenez-moi à l'essai, vous ne le regretterez pas !

FLORINDO. — Avant toute autre chose, j'ai hâte de savoir s'il y a des lettres pour moi à la Poste. Voici un demi-écu ; allez à la Poste de Turin et demandez s'il y a des lettres pour Florindo Aretusi. S'il y en a, prenez-les et apportez-les moi tout de suite : je vous attends.

ARLEQUIN. — En m'attendant, monsieur, vous pourriez faire préparer à dîner.

FLORINDO. — Oui, bonne idée ; je vais commander le dîner. (*A part :*) Il est facétieux, mais ça ne me déplaît pas. A l'usage, je verrai ce qu'il vaut.

Il entre dans l'hôtellerie.

ARLEQUIN, *seul.* — Un sou de plus par jour, ça fait trente sous par mois. Cela dit, il n'est pas vrai que mon autre maître me donne un philippe par mois : en réalité, il me donne dix paoli. Il se peut évidemment que dix paoli fassent un philippe, mais je n'en suis pas sûr. Et puis ce monsieur de Turin, je ne le vois plus. C'est un fou, un jeune homme qui n'a pas plus de barbe que de jugeote. Ne nous occupons plus de lui et allons à la Poste pour mon nouveau maître...

Au moment de sortir, il se heurte à Béatrice qui paraît avec Brighella.

BÉATRICE. — Bravo ! Félicitations ! C'est comme ça que tu m'attends ?

ARLEQUIN. — J'étais là, monsieur, à vous attendre.

BÉATRICE. — Et pourquoi es-tu venu m'attendre ici et non dans la rue que je t'avais dite ? C'est un hasard que je t'aie retrouvé.

ARLEQUIN. — Je me suis un petit peu promené pour faire passer ma faim.

BÉATRICE. — Allons, va sur-le-champ au coche d'eau. Fais-toi remettre ma malle et apporte-la à l'hôtellerie de maître Brighella.

BRIGHELLA. — Mon hôtellerie, c'est celle-ci. Pas moyen de se tromper.

BÉATRICE. — Eh bien, dépêche-toi, je t'attends.

ARLEQUIN, *à part.* — Diable ! Il est descendu dans cette hôtellerie !

Béatrice. — Ecoute, en même temps tu passeras à la Poste de Turin et tu demanderas s'il y a des lettres pour moi. Ou, plutôt, demande s'il y a des lettres pour Federigo Rasponi et pour Béatrice Rasponi. Ma sœur devait venir avec moi, mais une indisposition l'a retenue à la campagne. Une de ses amies aurait pu lui écrire. Vois s'il y a des lettres pour elle ou pour moi.

Arlequin, *à part.* — Je ne sais que faire. Je suis l'homme le plus embarrassé du monde.

Béatrice, *bas, à Brighella.* — J'ai donné des instructions à l'homme de confiance qui gère mes affaires, lui demandant de m'écrire, mais je ne sais sous quel nom il a pu le faire. Venez, je vous raconterai tout cela plus à loisir. (*A Arlequin :*) Dépêche-toi, va à la Poste et au coche d'eau. Prends les lettres et fais porter ma malle à l'hôtellerie ; je t'attends.

Elle entre dans l'hôtellerie.

Arlequin, *à Brighella.* — C'est vous le patron de cette hôtellerie ?

Brighella. — Mais oui, c'est moi. Comportez-vous bien et vous pouvez être sûr que je vous ferai bien manger.

Il entre dans l'hôtellerie.

Arlequin, *seul.* — Oh ! elle est bien bonne, celle-là ! Il y en a tant qui se cherchent un maître et moi, j'en ai trouvé deux. Comment diable, vais-je faire ? Je ne peux pas les servir tous les deux. Non ? Et pourquoi non ? Est-ce que ce ne serait pas une belle chose que de les servir tous les deux et de gagner deux salaires et de manger le double ? Ce serait magnifique, s'ils ne s'en apercevaient pas. Et s'ils s'en aperçoivent, qu'est-ce que j'ai à y perdre ? Rien. Si l'un des deux me chasse, je resterai avec l'autre. Foi d'honnête homme, je veux essayer. Même si cela ne doit durer qu'un jour, je veux essayer. Finalement, j'aurai tout de même réussi une jolie prouesse. En attendant, allons à la Poste pour tous les deux.

Il se prépare à sortir.

Silvio, *qui est entré sur ces entrefaites, à part.* — Oui, je ne crois pas me tromper : c'est là le serviteur de Federigo Rasponi. (*A Arlequin :*) Mon brave homme !

Arlequin. — Monsieur ?

Silvio. — Où est votre maître ?

Arlequin. — Mon maître ? Il est dans cette hôtellerie.

SILVIO. — Allez tout de suite le trouver et dites-lui que je veux lui parler. S'il est homme d'honneur, qu'il vienne : je l'attends.

ARLEQUIN. — Mais, cher monsieur...

SILVIO, *élevant la voix.* — Allez-y sur-le-champ.

ARLEQUIN. — Mais sachez que mon maître...

SILVIO. — Ne discutez pas ou, par le ciel...

ARLEQUIN. — Mais auquel voulez-vous parler ?

SILVIO. — Dépêche-toi ou je te...

Il le menace du poing.

ARLEQUIN, *à part.* — Ma foi, je vais lui envoyer le premier que je rencontrerai.

Il entre dans l'hôtellerie.

SILVIO, *seul.* — Non, il ne sera jamais dit que j'aie supporté la présence d'un rival. Ce n'est pas parce que Federigo a échappé une fois à la mort, qu'il aura toujours la même chance. Ou bien, il renoncera à toute prétention sur Clarice, ou bien il aura affaire à moi... Voici des gens qui sortent de l'hôtellerie. (*Se retirant à l'écart :*) Je ne voudrais pas être dérangé.

ARLEQUIN, *sortant de l'hôtellerie avec Florindo, lui montrant Silvio.* — Voilà le monsieur qui jette feu et flammes.

FLORINDO, *à Arlequin.* — Je ne le connais pas. Qu'est-ce qu'il me veut ?

ARLEQUIN. — Je n'en sais rien. Avec votre permission, je vais chercher vos lettres. (*A part :*) Il y a du duel dans l'air ! Je ne tiens pas à avoir d'ennuis.

Il sort.

SILVIO, *à part.* — Et ce Federigo qui n'arrive pas.

FLORINDO, *à part.* — Je veux en avoir le cœur net. (*A Silvio :*) C'est vous qui m'avez fait demander, monsieur ?

SILVIO. — Moi ? Je n'ai même pas l'honneur de vous connaître.

FLORINDO. — Et pourtant ce garçon qui vient de partir m'a dit que, d'une voix impérieuse et avec des menaces, vous lui aviez déclaré vouloir me provoquer.

SILVIO. — Il m'a mal compris ; je lui ai dit que je voulais parler à son maître.

FLORINDO. — Eh bien, c'est moi son maître.

SILVIO. — Vous êtes son maître ?

FLORINDO. — Certainement. Il est à mon service.

SILVIO. — Alors, pardonnez-moi : ou bien votre serviteur ressemble à un de ses collègues que j'ai vu ce matin, ou bien il est au service de quelqu'un d'autre que vous.

FLORINDO. — C'est à mon service qu'il est, n'en doutez pas.

SILVIO. — S'il en est ainsi, je vous demande de nouveau de m'excuser.

FLORINDO. — Il n'y a pas de mal. Ce genre de quiproquo arrive tous les jours.

SILVIO. — Vous êtes étranger, monsieur ?

FLORINDO. — Je suis de Turin, pour vous servir.

SILVIO. — Celui avec qui je désirais m'expliquer est précisément de Turin.

FLORINDO. — Si c'est un de mes compatriotes, il se peut que je le connaisse, et s'il vous a offensé, je m'emploierai volontiers à vous faire obtenir juste satisfaction.

SILVIO. — Connaissez-vous un certain Federigo Rasponi ?

FLORINDO. — Hélas ! je ne l'ai que trop bien connu.

SILVIO. — Il prétend me ravir la fiancée qui, ce matin-même, m'a juré une foi éternelle, sous prétexte que le père de la jeune fille lui avait promis de la lui donner en mariage.

FLORINDO. — Ne craignez rien, mon ami, Federigo Rasponi ne pourra pas vous voler votre fiancée : il est mort.

SILVIO. — Oui, tout le monde le croyait mort, mais il est arrivé ce matin à Venise vivant et en bonne santé, pour mon plus grand malheur et pour mon désespoir.

FLORINDO. — Monsieur, vous me voyez pétrifié d'étonnement.

SILVIO. — Je l'ai été moi aussi, je vous le garantis.

FLORINDO. — Je vous assure que Federigo Rasponi est mort.

SILVIO. — Je vous assure que Federigo Rasponi est vivant.

FLORINDO. — Je vous assure que vous devez vous tromper.

SILVIO. — Monsieur Pantalon dei Bisognosi, le père de la jeune fille, a pris toutes les précautions possibles pour s'en assurer et il a des preuves péremptoires que c'est bien lui, en personne.

FLORINDO, *à part.* — Il n'aurait donc pas été tué dans ce duel, comme tout le monde l'a cru !

SILVIO. — Lui ou moi, l'un de nous deux devra renoncer à Clarice ou à la vie.

FLORINDO, *à part.* — Federigo ici ? Je fuis la justice et je retrouve mon ennemi devant moi !

SILVIO. — Il est étrange que vous ne l'ayez pas rencontré. Il devait loger dans cette hôtellerie.

FLORINDO. — Je ne l'ai pas rencontré et, à l'hôtellerie, on m'a dit que j'étais le seul voyageur.

SILVIO. — Il aura sans doute changé d'idée. Excusez-moi, monsieur, de vous avoir importuné. Si vous le rencontrez, dites-lui que, pour son bien, il ferait mieux de ne plus songer à ce mariage. Je m'appelle Silvio Lombardi, monsieur, et j'espère avoir l'honneur de vous revoir.

FLORINDO. — Votre amitié me sera infiniment agréable. (*A part :*) Je ne sais que penser.

SILVIO. — De grâce, puis-je savoir votre nom ?

FLORINDO, *à part.* — Il est plus prudent de ne pas me faire connaître. (*Haut :*) Orazio Ardenti, pour vous servir.

SILVIO. — Monsieur Orazio, je suis votre serviteur.

Il sort.

FLORINDO, *seul.* — Comment est-il possible qu'un coup d'épée qui l'a transpercé de part en part ne l'ait pas tué ? Je l'ai pourtant vu moi-même étendu sur le sol et baignant dans son sang. Et l'on m'a dit qu'il était mort sur le coup. Il se pourrait néanmoins que l'on se soit trompé. La lame n'aura sans doute touché aucune partie vitale. L'émotion empêche de bien voir. Et ma fuite de Turin tout de suite après cet événement dont, à cause de l'inimitié qu'il y avait entre nous, la responsabilité m'a été imputée, ma fuite, donc, ne m'a pas permis d'apprendre la vérité. Enfin, puisqu'il n'est pas mort, il vaut mieux que je rentre à Turin, pour aller consoler ma bien-aimée Béatrice qui se morfond sans doute et pleure mon absence.

Arlequin paraît avec un autre portefaix qui porte la malle de Béatrice. Arlequin s'avance de quelques pas avec le portefaix et puis, voyant Florindo et ayant peur d'être vu, il renvoie le portefaix.

ARLEQUIN, *au portefaix*. — Suivez-moi... Oh ! diable ! Voici mon autre maître qui est là. Retirez-vous, camarade, et allez m'attendre là-bas au coin.

Le portefaix disparaît.

FLORINDO, *à part*. — Oui, il n'y a pas à hésiter. Je vais rentrer à Turin.

ARLEQUIN. — Me voici, monsieur...

FLORINDO. — Arlequin, veux-tu venir à Turin avec moi ?

ARLEQUIN. — Quand ça ?

FLORINDO. — Maintenant, tout de suite.

ARLEQUIN. — Sans avoir dîné ?

FLORINDO. — Non, nous dînerons d'abord et ensuite nous partirons.

ARLEQUIN. — Très bien ; en dînant, je réfléchirai à votre proposition.

FLORINDO. — Tu es allé à la Poste ?

ARLEQUIN. — Oui, monsieur.

FLORINDO. — Il y avait des lettres pour moi ?

ARLEQUIN. — Oui, il y en avait.

FLORINDO. — Où sont-elles ?

ARLEQUIN. — Je vais vous les donner tout de suite. (*Il fouille dans ses poches et en tire trois lettres. A part :*) Oh, diable ! J'ai mélangé celles d'un maître avec celles de l'autre. Comment vais-je faire pour reconnaître les siennes ? Je ne sais pas lire !

FLORINDO. — Allons, donne-moi mes lettres.

ARLEQUIN. — Tout de suite, monsieur. (*A part :*) Je suis bien ennuyé. (*A Florindo :*) Je vais vous dire, monsieur. Ces trois lettres ne sont pas toutes pour Votre Seigneurie. J'ai rencontré un valet qui me connaît, car nous avons servi ensemble à Bergame, et, quand je lui ai dit que j'allais à la Poste, il m'a prié de voir s'il n'y avait rien pour son maître. Il me semble qu'il y en avait une, mais je ne sais plus laquelle c'est.

FLORINDO. — Donne-les moi : je prendrai les miennes et je te rendrai l'autre.

ARLEQUIN. — Tenez. Moi, j'adore rendre service aux amis.

FLORINDO, *à part*. — Que vois-je ? Une lettre adressée à Béatrice Rasponi ? A Béatrice Rasponi, à Venise !

ARLEQUIN. — Vous l'avez trouvée, la lettre de mon camarade ?

FLORINDO. — Qui est ce camarade à toi, qui t'a chargé de cette commission ?

ARLEQUIN. — C'est un valet... qui s'appelle... Pasquale.

FLORINDO. — Au service de qui est-il ?

ARLEQUIN. — Je ne sais pas, monsieur.

FLORINDO. — Mais puisqu'il t'a demandé d'aller chercher les lettres de son maître, il a bien dû te donner le nom de celui-ci.

ARLEQUIN. — Naturellement. (*A part :*) Ça se complique de plus en plus.

FLORINDO. — Eh bien, quel nom t'a-t-il dit ?

ARLEQUIN. — Je ne me le rappelle plus.

FLORINDO. — Comment ? !...

ARLEQUIN. — Il me l'a écrit sur un bout de papier.

FLORINDO. — Et où est-il, ce papier ?

ARLEQUIN. — Je l'ai laissé à la Poste.

FLORINDO, *à part.* — Je suis dans un océan de trouble.

ARLEQUIN, *à part.* — Je me débrouille de mon mieux.

FLORINDO. — Où habite-t-il, ce Pasquale ?

ARLEQUIN. — A la vérité, je l'ignore.

FLORINDO. — Comment vas-tu faire, alors, pour lui remettre sa lettre ?

ARLEQUIN. — Il m'a dit qu'on se retrouverait sur la place Saint-Marc.

FLORINDO, *à part.* — Je ne sais que penser.

ARLEQUIN, *à part.* — Si je me tire de cette histoire, ce sera un miracle ! (*A Florindo :*) Si vous voulez bien me donner cette lettre, monsieur, je tâcherai de le retrouver.

FLORINDO. — Non, cette lettre, je veux l'ouvrir.

ARLEQUIN. — Oh non, monsieur ! Ne faites pas ça ! Vous savez bien que la loi punit sévèrement les gens qui ouvrent les lettres qui ne leur sont pas adressées.

FLORINDO. — Peu m'importe, cette lettre m'intéresse trop. Elle est adressée à une personne qui me touche de très près. Je peux l'ouvrir sans le moindre scrupule.

Il ouvre la lettre.

ARLEQUIN, *à part.* — Aussitôt dit, aussitôt fait ! Me voilà frais !

FLORINDO, *lisant.* — « Illustrissime madame ma maîtresse. Votre départ de Turin a été le sujet de conversation de la ville tout entière, et tout le monde a compris que, si vous aviez pris cette décision, c'était pour suivre monsieur Florindo. La Cour, qui a appris toutes les circonstances de votre fuite, a donné des ordres exprès pour qu'on vous retrouve et qu'on vous arrête. Afin d'éviter que l'on découvre que c'est à Venise que vous aviez l'intention de vous rendre, je ne vous expédie pas la présente directement de Turin, mais je l'envoie à un ami de Gênes pour qu'il vous la fasse suivre à Venise. Si j'ai des nouvelles importantes à vous communiquer, j'emprunterai la même voie. Pour aujourd'hui, ce sera tout et je signe : votre très humble et très fidèle serviteur, Toinin de la Doire. »

ARLEQUIN, *à part.* — C'est du joli ! Lire les lettres d'autrui !

FLORINDO, *à part.* — Que viens-je d'apprendre ? Que viens-je de lire ? Béatrice partie de chez elle ? Pour aller à ma recherche ? Oh, elle m'aime vraiment ! Fasse le ciel que je la retrouve ici ! (*A Arlequin :*) Va, cher Arlequin, fais tout ton possible pour retrouver ton ami Pasquale et tâche de savoir de lui qui est son maître, si c'est un homme ou si c'est une femme. Note où il loge et, si tu le peux, amène-le moi ici : je vous donnerai à l'un et à l'autre un très généreux pourboire.

ARLEQUIN. — Rendez-moi la lettre ; je vais tâcher de le trouver.

FLORINDO. — La voici. Je me recommande à toi, car cette affaire me touche infiniment.

ARLEQUIN. — Mais est-ce qu'il faut que je la lui donne ouverte comme ça ?

FLORINDO. — Ne m'invente pas des difficultés ! Dis-lui qu'elle a été ouverte par erreur, par accident.

ARLEQUIN. — Et Turin ? On n'y part plus maintenant ?

FLORINDO. — Non, pour le moment, on n'y part plus. Ne perds pas de temps. Tâche de retrouver Pasquale. (*A part :*) Béatrice à Venise, Federigo à Venise ! Si son frère la rencontre, elle est perdue. Je vais faire tout ce qu'il est possible pour la trouver.

Il sort.

ARLEQUIN, *seul*. — Foi d'honnête homme, je suis content qu'on ne parte plus. J'ai envie de voir comment je vais me tirer de mes doubles fonctions. Je veux mettre mes talents à l'épreuve. Mais ça m'ennuie d'avoir à remettre ouverte cette lettre destinée à mon autre maître. Je vais essayer de la plier. (*Il la plie plusieurs fois maladroitement.*) Maintenant, il faudrait la cacheter. Si seulement je savais comment on fait ! Oh, je me souviens que madame ma grand-mère cachetait parfois ses lettres avec de la mie de pain mâchée. Je vais essayer. (*Il tire de sa poche un petit morceau de pain.*) Ça m'ennuie de gaspiller ce petit morceau de pain mais, hélas, il le faut bien. (*Il mastique un peu de pain pour cacheter la lettre, mais, sans le vouloir, il l'avale.*) Oh ! diable ! Je l'ai avalé. Il va falloir que j'en mastique un autre morceau. (*Même jeu que ci-dessus, et, comme ci-dessus, il avale le morceau de pain.*) Il n'y a rien à faire, la nature y répugne. Je vais essayer encore une fois. (*Il mastique comme ci-dessus. Il est sur le point d'avaler la bouchée, mais il se domine et, faisant un grand effort, il la retire de sa bouche.*) Oh ! je l'ai eue ! Je vais pouvoir cacheter la lettre. (*Il la cachette avec le pain.*) Ça me paraît assez réussi. Oh ! pour ce qui est du travail soigné, je n'ai pas mon pareil ! Oh ! j'avais oublié le porteur. (*Appelant :*) Holà, camarade ! Arrive un peu ici avec ta malle !

LE PORTEFAIX, *entrant, la malle sur l'épaule.* — Où est-ce qu'il faut la porter ?

ARLEQUIN. — Là, à l'hôtellerie. Je te rejoins tout de suite.

LE PORTEFAIX. — Et qui est-ce qui me paiera ?

BÉATRICE, *sortant de l'hôtellerie, à Arlequin.* — C'est ma malle ?

ARLEQUIN. — Oui, monsieur.

BÉATRICE, *au portefaix.* — Portez-la dans ma chambre.

LE PORTEFAIX. — Où est-elle, votre chambre ?

BÉATRICE. — Le garçon vous le dira.

LE PORTEFAIX. — Le prix convenu est trente sous.

BÉATRICE. — Entendu. Allez.

LE PORTEFAIX. — Dépêchez-vous de me payer.

BÉATRICE. — Ne m'agacez pas.

LE PORTEFAIX. — Pour un peu, je vous la flanquerais au milieu de la rue, votre malle !

Il entre dans l'hôtellerie.

ARLEQUIN. — Ce qu'ils peuvent être aimables, ces portefaix !

BÉATRICE. — Tu es allé à la Poste ?

ARLEQUIN. — Oui, monsieur.

BÉATRICE. — Il y avait des lettres pour moi ?

ARLEQUIN. — Il y en avait une pour votre sœur.

BÉATRICE. — Eh bien, où est-elle ?

ARLEQUIN, *lui donnant la lettre.* — La voici.

BÉATRICE. — Mais cette lettre a été ouverte.

ARLEQUIN. — Ouverte ? Oh ! ce n'est pas possible.

BÉATRICE. — Ouverte et cachetée maintenant avec de la mie de pain.

ARLEQUIN. — Je serais bien incapable de dire comment ça a pu se faire.

BÉATRICE. — Ah oui, tu en serais incapable ? Vaurien, coquin, qui a ouvert cette lettre ? Je veux le savoir.

ARLEQUIN. — Je vais vous dire, monsieur, je vais vous avouer toute la vérité. Il arrive à tout le monde de se tromper. A la Poste, il y avait une lettre pour moi, et, comme je ne sais pas très bien lire, par erreur, au lieu d'ouvrir la mienne, j'ai ouvert la vôtre. Je vous demande humblement pardon.

BÉATRICE. — S'il en est vraiment ainsi, il n'y a pas grand mal.

ARLEQUIN. — Foi de pauvre Bergamasque, monsieur, il en est vraiment ainsi.

BÉATRICE. — Tu l'as lue, cette lettre ? Tu sais ce qu'elle contient ?

ARLEQUIN. — Pas le moins du monde. C'est une écriture que je ne comprends pas.

BÉATRICE. — Personne ne l'a lue ?

ARLEQUIN, *vertueusement.* — Oh, monsieur !

BÉATRICE. — Sinon, gare, hein ?

ARLEQUIN, *même jeu.* — Monsieur, monsieur !

BÉATRICE, *à part, lisant la lettre.* — J'espère que ce garçon ne ment pas.

ARLEQUIN, *à part.* — Une fois de plus, je m'en suis tiré de justesse !

BÉATRICE, *à part.* — Toinin est un fidèle serviteur. Je lui ai bien de l'obligation. (*A Arlequin :*) Je vais pour affaires à quelques pas d'ici. Toi, monte dans ma chambre, ouvre ma malle — voici les clés — et aère un peu mes vêtements. Nous dînerons quand je rentrerai. (*A part :*) Monsieur Pantalon ne se manifeste pas et j'ai besoin de cet argent.

Elle sort.

ARLEQUIN, *seul.* — Ça s'est bien passé, ça ne pouvait pas mieux se passer. Je suis un homme de ressources et m'est avis que je vaux cent écus de plus que je ne croyais.

PANTALON, *entrant.* — Dites-moi, mon ami, votre maître est-il à l'hôtellerie ?

ARLEQUIN. — Non, monsieur, il n'y est pas.

PANTALON. — Savez-vous où il est ?

ARLEQUIN. — Non !

PANTALON. — Rentrera-t-il pour dîner ?

ARLEQUIN. — J'espère bien que oui.

PANTALON. — Tenez, quand il rentrera, donnez-lui cette bourse : elle contient cent ducats. J'ai à faire : je ne peux pas l'attendre. Je vous salue bien.

Il sort.

ARLEQUIN. — Dites, monsieur ! Ecoutez, monsieur ! Bon voyage ! Il ne m'a même pas dit auquel de mes maîtres je devais la donner.

FLORINDO, *entrant.* — Eh bien, as-tu retrouvé Pasquale ?

ARLEQUIN. — Non, monsieur, je n'ai pas retrouvé Pasquale, mais j'ai trouvé quelqu'un qui m'a donné une bourse contenant cent ducats.

FLORINDO. — Cent ducats ? Pour quoi faire ?

ARLEQUIN. — Dites-moi la vérité, monsieur mon maître, attendez-vous de l'argent de quelqu'un ?

FLORINDO. — Oui, j'ai présenté une lettre de change à un négociant.

ARLEQUIN. — Alors, ces cent ducats doivent être pour vous.

FLORINDO. — Qu'a dit celui qui te les a donnés ?

ARLEQUIN. — Il m'a dit de les donner à mon maître.

FLORINDO. — Alors, évidemment, ils sont pour moi. Ne suis-je pas ton maître ? Peut-il y avoir le moindre doute ?

ARLEQUIN, *à part.* — Il ne sait rien de mon autre maître.

FLORINDO. — Et tu ne sais pas qui te les a donnés ?

ARLEQUIN. — Non, je ne le sais pas. Il me semble pourtant avoir déjà vu ce visage, mais je ne me rappelle ni où ni quand.

FLORINDO. — Ce doit être l'un des négociants à qui l'on m'a recommandé.

ARLEQUIN. — Certainement.

FLORINDO. — N'oublie pas Pasquale.

ARLEQUIN. — Je le retrouverai après dîner.

FLORINDO. — Eh bien, allons dire au cuisinier de se hâter de servir.

Il entre dans l'hôtellerie.

ARLEQUIN. — Excellente idée ! Allons, cette fois-ci au moins, je ne me suis pas trompé. J'ai donné la bourse à celui à qui elle était destinée.

Il entre dans l'hôtellerie.

TABLEAU 3

Une salle chez Pantalon.

Pantalon s'entretient avec Clarice.

PANTALON. — Toujours est-il que monsieur Federigo doit être votre mari. J'ai donné ma parole et je ne suis pas un pantin.

CLARICE. — Vous êtes le maître de ma personne, monsieur mon père, mais, permettez-moi de vous le dire, c'est là de la tyrannie.

PANTALON. — Quand monsieur Federigo a fait demander votre main, je vous l'ai dit, et vous ne m'avez pas répondu que vous ne vouliez pas de lui. C'est alors que vous auriez dû parler ; maintenant, il n'est plus temps.

CLARICE. — L'obéissance, le respect m'ont imposé silence.

PANTALON. — Eh bien, arrangez-vous pour que l'obéissance et le respect aient aujourd'hui aussi le même effet sur vous.

CLARICE. — Je ne peux pas, monsieur mon père.

PANTALON. — Non ? pourquoi ?

CLARICE. — Je n'épouserai certainement pas Federigo.

PANTALON. — Il vous déplaît tellement ?

CLARICE. — Il m'est odieux.

PANTALON. — Et si je vous enseignais le moyen de faire en sorte qu'il vous plaise ?

CLARICE. — Comment cela, monsieur ?

PANTALON. — Oubliez monsieur Silvio et vous verrez que monsieur Federigo vous plaira.

CLARICE. — L'image de Silvio est trop fortement imprimée dans mon âme ; et vous, avec votre assentiment, vous l'y avez encore plus profondément enracinée.

PANTALON, *à part.* — D'un côté, je la plains. (*Haut :*) Il faut faire de nécessité vertu.

CLARICE. — Mon cœur n'est pas capable d'un effort aussi grand.

PANTALON. — Cet effort, il faut le faire : courage !...

SMÉRALDINE, *entrant.* — Monsieur mon maître, monsieur Federigo est là et demande si vous pouvez le recevoir.

PANTALON. — Qu'il entre, il est chez lui.

CLARICE, *pleurant.* — Oh, que je suis malheureuse !

SMÉRALDINE. — Qu'avez-vous, madame ma maîtresse ? Vous pleurez ? En vérité, vous avez tort. Vous n'avez donc pas vu comme ce monsieur Federigo est joli ? Si une telle chance devait m'échoir, moi, je ne pleurerais pas, ça non ! je rirais de toutes mes dents !

Elle sort.

PANTALON. — Allons, mon enfant, cesse de pleurer.

CLARICE. — Mais puisque je sens mon cœur se briser !

BÉATRICE, *entrant.* — Mes respects, monsieur Pantalon.

PANTALON. — Votre humble serviteur ! Vous a-t-on remis une bourse contenant cent ducats ?

BÉATRICE. — Non.

PANTALON. — Je l'ai donnée il y a quelques instants à votre valet. Vous m'aviez dit que c'était un homme de confiance.

BÉATRICE. — Oui, avec lui, il n'y a pas de danger. Je ne l'ai pas vu, mais il me les donnera quand je rentrerai. (*Bas, à Pantalon :*) Qu'a donc madame Clarice pour pleurer ainsi ?

PANTALON, *bas, à Béatrice.* — Cher monsieur Federigo, il faut l'excuser. La nouvelle de votre mort a été la cause de tout le mal. Avec le temps, j'espère qu'elle changera d'humeur.

BÉATRICE, *bas, à Pantalon.* — Faites une chose, monsieur Pantalon, laissez-moi un instant seul avec elle, que je voie si je ne réussirai pas à la rasséréner.

PANTALON. — Entendu, monsieur. Excusez-moi, je reviens tout de suite. (*A part :*) Il faut tout essayer. (*A Clarice :*) Clarice, tiens un peu compagnie à ton fiancé. Je serai de retour dans une seconde. (*Bas, à Clarice :*) Allons, sois raisonnable.

Il sort.

BÉATRICE. — Voyons, madame...

CLARICE. — Ne vous approchez pas de moi, n'ayez pas l'audace de m'importuner.

BÉATRICE. — Comment pouvez-vous être aussi sévère avec celui qui doit être votre époux ?

CLARICE. — Si l'on me force à vous épouser, vous aurez ma main mais point mon cœur.

BÉATRICE. — Vous me détestez et pourtant j'ai l'espoir de vous apaiser.

CLARICE. — Je vous abhorrerai éternellement.

BÉATRICE. — Si vous me connaissiez mieux, vous ne diriez pas cela.

CLARICE. — Je vous connais assez comme étant celui qui a troublé mon repos.

BÉATRICE. — Je suis pourtant en mesure de vous le rendre, ce repos.

CLARICE. — Vous vous trompez : nul autre que Silvio ne peut me le rendre.

BÉATRICE. — Il est évident que je ne puis vous donner les mêmes joies que le pourrait votre Silvio, mais je puis quand même contribuer à votre bonheur.

CLARICE. — Je ne le vois que trop, monsieur, c'est en vain que je vous parle le plus durement du monde, vous vous obstinez néanmoins à me tourmenter.

BÉATRICE, *à part.* — Cette pauvre jeune fille me fait pitié ; je n'ai pas le cœur de la voir souffrir.

CLARICE, *à part.* — Le malheur me rend insolente, téméraire, grossière.

BÉATRICE. — Madame, j'ai un secret à vous confier.

CLARICE. — Je ne vous promets pas de le garder. Dispensez-vous donc de me le confier.

BÉATRICE. — Votre animosité m'empêche de vous rendre le bonheur.

CLARICE. — Vous ne pouvez que faire mon malheur.

BÉATRICE. — Vous vous trompez, et, pour vous en convaincre, je vais vous parler franchement. Si vous, vous ne voulez pas de moi, moi, je ne saurais que faire de vous. Si vous avez promis votre main à quelqu'un d'autre, j'ai, moi aussi, donné mon cœur.

CLARICE. — A présent, vous commencez à me plaire.

BÉATRICE. — Ne vous ai-je pas dit que j'étais en mesure de vous rendre le bonheur ?

CLARICE. — Ah, je crains que vous ne me leurriez.

BÉATRICE. — Non, madame, je ne mens pas. Je vous parle en toute sincérité, et si vous me promettez cette discrétion que vous m'avez refusée tout à l'heure, je vais vous confier un secret qui vous rendra définitivement la paix.

CLARICE. — Je jure d'observer le plus absolu silence.

BÉATRICE. — Je ne suis pas Federigo Rasponi, mais Béatrice, sa sœur.

CLARICE. — Oh ! que me dites-vous là ? Vous êtes une femme ?

BÉATRICE. — Oui, je suis une femme. Pensez alors si je pouvais aspirer sincèrement à obtenir votre main !

CLARICE. — Mais, votre frère, qu'est-il devenu ?

BÉATRICE. — Il a été tué, hélas ! d'un coup d'épée. On a cru que le responsable de sa mort était l'homme que j'aime et à la recherche de qui je suis partie, vêtue de ce costume. Je vous en supplie, au nom des lois les plus sacrées de l'amitié et de l'amour, ne me trahissez pas. Je sais que j'ai été imprudente en vous confiant un tel secret, mais si je l'ai fait, c'est pour plusieurs raisons : premièrement, parce que cela me peinait infiniment de vous voir affligée ; en second lieu, parce que je crois reconnaître en vous une jeune fille sur la discrétion de qui l'on peut compter, et, finalement, parce que votre Silvio m'a menacée et que je ne voudrais pas que, sur votre instigation, il me provoque en duel.

CLARICE. — Me permettez-vous de le dire à Silvio ?

BÉATRICE. — Non, je vous l'interdis même absolument.

CLARICE. — Bien, je ne dirai rien.

BÉATRICE. — Je compte sur vous, vous savez.

CLARICE. — Je vous le jure de nouveau : je ne dirai rien.

BÉATRICE. — A présent, vous ne me regarderez plus d'un mauvais œil.

CLARICE. — Bien au contraire, je veux être votre amie, et si je puis vous être utile, disposez de moi.

BÉATRICE. — Je vous jure, moi aussi, une éternelle amitié. Votre main !...

CLARICE. — Oh, je ne voudrais pas...

BÉATRICE. — Vous avez peur que je ne sois pas une femme et que cela vous engage ? Si vous voulez, je puis vous prouver que je dis vrai.

CLARICE. — Il me semble encore que c'est un rêve.

BÉATRICE. — De fait, la chose n'est pas banale.

CLARICE. — Elle est plus qu'extravagante.

BÉATRICE. — Allons, je m'en vais vous laisser. Serrons-nous la main en signe de bonne amitié, et de loyauté.

CLARICE. — Voici ma main : je n'ai plus peur que vous me trompiez.

PANTALON, *entrant brusquement.* — Bravo ! Je suis aux anges ! (*A Clarice :*) Il ne t'a pas fallu longtemps pour t'apprivoiser !

BÉATRICE. — Ne vous avais-je pas dit, monsieur Pantalon, que je saurais la ramener à de meilleurs sentiments ?

PANTALON. — Félicitations ! Vous avez fait plus en quatre minutes que je n'aurais pu en quatre ans !

CLARICE, *à part.* — Me voici maintenant dans un labyrinthe encore plus inextricable !

PANTALON, *à Clarice.* — Nous allons fixer tout de suite la date de votre mariage.

CLARICE. — Cela ne presse pas tellement, monsieur.

PANTALON. — Comment ! On se serre la menotte en catimini, et vous ne voudriez pas que je sois pressé ? Non, non, je ne veux pas qu'il arrive d'accidents. Demain, la chose sera faite.

BÉATRICE. — Auparavant, monsieur Pantalon, il est nécessaire que nous réglions nos comptes, que nous voyions où nous en sommes.

PANTALON. — Nous les réglerons. C'est tout au plus l'affaire de deux heures. Demain, vous échangerez les anneaux...

CLARICE. — Mais, monsieur mon père...

PANTALON. — Madame ma fille, je m'en vais de ce pas avertir monsieur Silvio.

CLARICE. — Pour l'amour du ciel, ne l'irritez pas !

PANTALON. — Qu'est-ce que tu racontes ? Voudrais-tu deux maris par hasard ?

CLARICE. — Je ne dis pas cela, mais...

PANTALON. — Mais, mais, mais !... En voilà assez ! Monsieur, madame, votre serviteur !

Il se prépare à sortir.

BÉATRICE, *le retenant.* — Ecoutez...

PANTALON, *se dégageant.* — Vous êtes mari et femme, ou, du moins, c'est tout comme !

CLARICE, *à Pantalon.* — Plutôt...

PANTALON, *sortant.* — Nous en reparlerons ce soir.

CLARICE. — Ah, madame, je sors d'un chagrin pour tomber dans un autre.

BÉATRICE. — Prenez patience ! Tout peut arriver, excepté que je vous épouse.

CLARICE. — Et si Silvio me croit infidèle ?

BÉATRICE. — Son erreur ne durera pas longtemps.

CLARICE. — Si je pouvais lui dire la vérité...

BÉATRICE. — Je ne vous dégage pas de votre serment.

CLARICE. — Que dois-je faire alors ?

BÉATRICE. — Souffrir un peu.

CLARICE. — J'ai peur de ne pas pouvoir résister à cette souffrance.

BÉATRICE. — Courage, car après les craintes et après les chagrins, les joies de l'amour sont encore plus douces.

Elle sort.

CLARICE. — Aussi longtemps que je me verrai environnée de peines, je ne puis espérer les connaître, ces joies ! Ah ! il n'est que trop vrai, hélas ! que, dans cette vie, on passe le plus clair de ses jours à souffrir ou à espérer, et que l'on n'est heureux que fugitivement !

Elle sort.

ACTE II

Tableau 1

La cour intérieure de la maison de Pantalon.

Silvio et le Docteur viennent d'entrer et le second essaie de retenir le premier.

Silvio. — Je vous prie de me laisser tranquille, monsieur mon père.

Le Docteur. — Arrête-toi et réponds-moi.

Silvio. — Je suis hors de moi !

Le Docteur. — Que viens-tu faire dans la cour de monsieur Pantalon ?

Silvio. — Je viens lui demander de tenir la parole qu'il m'a donnée ou de me rendre compte du très grave affront qu'il m'inflige.

Le Docteur. — Mais ce n'est pas là une chose à faire dans la propre maison de monsieur Pantalon. Tu es fou de te laisser emporter par la colère.

Silvio. — Quand on agit mal avec nous, on ne mérite aucun égard.

Le Docteur. — Exact, mais ce n'est pas une raison pour faire du scandale. Laisse-moi faire, mon cher Silvio, laisse-moi lui dire quelques mots : je parviendrai peut-être à lui ouvrir les yeux et à lui faire reconnaître son devoir. Va m'attendre dans la rue. Oui, va-t'en d'ici, je ne veux pas de scène. C'est moi qui parlerai à monsieur Pantalon.

Silvio. — Mais, moi, monsieur mon père, je...

Le Docteur. — Mais, moi, monsieur mon fils, j'entends être obéi.

Silvio. — Bien, je vous obéis. Je m'en vais. Parlez-lui. Je vous attends chez l'apothicaire. Mais si monsieur Pantalon s'entête, il aura affaire à moi.

Il sort.

Le Docteur, *seul.* — Pauvre garçon, je le plains. Monsieur Pantalon n'aurait pas dû lui donner un tel espoir, avant d'être sûr de la mort de ce Turinois. Je voudrais bien qu'il retrouve son calme et que la colère ne l'amène pas à commettre une sottise.

Pantalon, *entrant, à part.* — Que fait le Docteur dans la cour de ma maison ?

Le Docteur. — Oh, monsieur Pantalon, je vous salue humblement.

Pantalon. — Votre serviteur, monsieur le Docteur. J'allais justement vous voir ainsi que votre fils.

Le Docteur. — Ah oui ? Très bien. Je pense que vous veniez nous voir pour nous confirmer que madame Clarice épousera mon Silvio.

Pantalon, *balbutiant.* — En réalité, je venais vous dire...

Le Docteur, *le coupant.* — Non, vous n'avez pas à vous justifier ! Je comprends l'embarras où vous vous êtes trouvé. On vous pardonne tout au nom de notre vieille amitié.

Pantalon, *balbutiant.* — Il est évident que, si l'on considère la promesse faite à monsieur Federigo...

Le Docteur, *le coupant de nouveau.* — Et son arrivée à l'improviste ne vous laissant pas le temps de réfléchir, vous n'avez pas songé à l'affront que ce serait pour notre maison.

Pantalon. — On ne peut pas parler d'affront, quand, en vertu d'un contrat antérieur...

Le Docteur, *l'interrompant.* — Je sais ce que vous allez dire. A première vue, il vous a semblé que la promesse faite à ce Turinois était irrévocable parce que stipulée par contrat. Mais le dit contrat était un contrat passé entre vous et lui, alors que le nôtre a été ratifié également par la jeune fille.

Pantalon. — C'est exact, mais...

Le Docteur. — Et vous savez bien qu'en matière de mariage : *Consensus et non concubitus facit virum.*

Pantalon. — Je ne sais pas le latin, mais je vous dis que...

Le Docteur. — Et l'on n'a pas le droit de sacrifier sa fille.

Pantalon. — Avez-vous autre chose à dire ?

Le Docteur. — Quant à moi, j'ai tout dit.

Pantalon. — Vous avez fini ?

Le Docteur. — J'ai fini.

PANTALON. — Je peux parler ?

LE DOCTEUR. — Je vous écoute.

PANTALON. — Mon cher monsieur le Docteur, avec tout votre latin...

LE DOCTEUR, *l'interrompant.* — En ce qui concerne la dot, nous nous arrangerons toujours. Un peu plus, un peu moins : je n'y regarderai pas de si près.

PANTALON. — Ça recommence ? Allez-vous me laisser parler ?

LE DOCTEUR. — Je vous écoute.

PANTALON. — Je vous disais donc que tout votre latin est bel et bon, mais que, dans le cas présent, il est inutile. Monsieur Federigo est là-haut avec ma fille et ils conversent tous les deux.

LE DOCTEUR. — Comment ? Ils conversent ?

PANTALON. — Oui, oui, ils conversent et, même, fort tendrement.

LE DOCTEUR. — Fort tendrement ? Ah oui ? Et, naturellement, ils sont tout seuls.

PANTALON. — Ils l'étaient lorsque je les ai quittés il y a un instant.

LE DOCTEUR. — Et madame Clarice a accepté les soins de monsieur Federigo comme ça, de but en blanc, sans la moindre difficulté ?

PANTALON. — On dirait que vous ne savez pas comme sont les femmes ! Toutes, des girouettes !

LE DOCTEUR. — En somme, vous voulez me dire que vous allez marier votre fille à ce Turinois ?

PANTALON. — J'avais donné ma parole : je ne peux pas me dégager. Ma fille est d'accord, quelle raison aurais-je d'hésiter ? C'est pour vous dire cela que je me préparais à aller vous voir, vous ou monsieur Silvio. Je suis vraiment désolé, mais il n'y a rien à faire.

LE DOCTEUR. — Ce n'est pas la conduite de votre fille qui m'étonne, c'est la vôtre ! Comment pouvez-vous agir aussi cavalièrement avec moi ? Si vous n'étiez pas sûr de la mort de monsieur Federigo, il ne fallait pas donner votre parole à mon fils, et puisque vous la lui avez donnée, vous devriez la tenir à tout prix. L'annonce de la mort de monsieur Federigo justifiait assez, même aux yeux de celui-ci, votre nouvelle décision, et il ne pouvait ni vous la reprocher, ni exiger la moindre satisfaction. Les fiançailles qui ont eu lieu ce matin entre madame Clarice et mon fils *coram testibus*, ne pouvaient être rompues pour une simple parole donnée par vous à un autre. Il me serait donc facile, si je le voulais, de faire annuler tout nouveau contrat en invoquant le bon droit de mon fils et d'obliger votre fille à le prendre pour mari, mais je rougirais d'avoir pour bru une personne aussi volage et qui, de plus, est la fille d'un homme sans parole. N'oubliez jamais, monsieur Pantalon, que c'est à moi que vous avez fait cette injure, à moi et à tous les Lombardi. Il viendra peut-être un moment où vous devrez me payer ça, oui, il viendra peut-être, ce moment : *omnia tempus habent.*

Il sort.

PANTALON. — Mais oui, mais oui, bon voyage ! Tout ce que vous pourrez me dire me laisse froid et je n'ai pas peur de vous. Pour moi, un Rasponi vaut cent Lombardi. Ce n'est pas tous les jours qu'on rencontre un homme de la qualité de monsieur Federigo et aussi riche que lui. Il épousera ma fille.

SILVIO, *entrant, à part.* — Mon père a beau dire : j'aime mieux m'expliquer moi-même.

PANTALON, *voyant Silvio, à part.* — Voilà l'autre maintenant !

SILVIO, *d'un ton bourru.* — Votre serviteur, monsieur.

PANTALON. — Le vôtre, monsieur. (*A part :*) Il est bien agressif.

SILVIO. — Est-il possible que ce que vient de me dire mon père soit vrai ?

PANTALON. — Si c'est monsieur votre père qui vous l'a dit, ce doit être vrai.

SILVIO. — Les fiançailles de madame Clarice avec monsieur Federigo seraient donc chose faite ?

PANTALON. — Oui, monsieur, on ne peut plus faite.

SILVIO. — Je m'étonne que vous me disiez cela avec un tel sang-froid. Homme sans parole, homme sans honneur !

PANTALON. — C'est moi que vous nommez ainsi, monsieur ? Moi, un vieillard tel que moi ?

SILVIO. — Si vous n'étiez pas un vieillard, je vous arracherais la barbe !

PANTALON. — Et moi, si vous aviez de la barbe, je vous la ferais avaler !

SILVIO. — Je ne sais ce qui me retient de vous embrocher avec mon épée.

PANTALON. — Je ne suis pas une grenouille, monsieur ! Et si vous voulez jouer les matamores, choisissez un autre endroit que ma maison.

SILVIO. — Eh bien, il ne tient qu'à vous d'en sortir !

PANTALON. — Votre attitude me surprend, monsieur.

SILVIO. — Sortez, si vous êtes un homme d'honneur.

PANTALON. — On doit le respect aux hommes de ma sorte.

SILVIO. — Vous êtes un être vil, un couard, un roturier.

PANTALON. — Et vous, vous êtes un impudent.

SILVIO, *mettant la main à son épée.* — Ah, je jure par le ciel...

PANTALON, *tirant un pistolet de sa poche.* — Au secours !

BÉATRICE, *entrant rapidement, l'épée à la main.* — Me voici ! Je vais vous défendre.

PANTALON, *à Béatrice.* — Ma vie est entre vos mains, monsieur mon futur gendre.

SILVIO, *à Béatrice.* — C'est précisément avec toi que je désirais me battre.

BÉATRICE, *à part.* — Ça se gâte !

SILVIO, *à Béatrice.* — Défends-toi !

PANTALON, *apeuré.* — Oh, monsieur mon futur gendre...

BÉATRICE. — Ce n'est pas la première fois que je manie une épée. (*A Silvio :*) A vos ordres, monsieur, vous ne me faites pas peur.

Béatrice et Silvio croisent le fer.

PANTALON. — Au secours ! Il n'y a donc personne ?

Il part en courant vers la rue. Béatrice et Silvio se battent. Silvio tombe et lâche son épée. Béatrice lui met la pointe de son épée contre la poitrine.

CLARICE, *accourant, à Béatrice.* — Oh, mon Dieu ! Arrêtez !

BÉATRICE. — Belle Clarice, pour vous complaire, je fais

don de la vie à Silvio, mais, vous, pour me récompenser de ma magnanimité, rappelez-vous votre serment.

Elle sort.

CLARICE. — Cher Silvio, vous n'êtes pas blessé ?

SILVIO. — Ah, perfide, ah, trompeuse ! C'est moi que vous appelez cher Silvio ? C'est à un amant bafoué, à un fiancé trahi que vous appliquez cette tendre épithète ?

CLARICE. — Non, Silvio, je ne mérite pas vos reproches. Je vous aime, je vous adore, je vous suis toujours fidèle.

SILVIO. — Menteuse ! Tu m'es fidèle, hein ? Promettre sa foi à un autre amant, c'est ça que tu appelles être fidèle ?

CLARICE. — Je n'ai pas promis ma foi à un autre et je ne le ferai jamais. Plutôt mourir que vous trahir !

SILVIO. — Votre père a certifié au mien que vous aviez juré une foi éternelle à ce Federigo.

CLARICE. — Mon père n'a pas pu dire cela !

SILVIO. — Et que vous avez passé un bon moment seule avec Federigo, il ne pouvait pas le dire non plus ?

CLARICE. — Je ne puis nier qu'effectivement...

SILVIO, *très vivement.* — Ah ! vous ne niez pas ! Et vous voudriez que je vous croie fidèle, quand vous admettez un autre que moi à une telle intimité.

CLARICE. — Je suis capable de veiller sur mon honneur, monsieur.

SILVIO. — Si vous vous considériez toujours comme ma fiancée, vous n'auriez pas accepté de rester seule avec un homme qui aspire à votre main.

CLARICE. — C'est mon père qui m'a laissée seule avec lui.

SILVIO. — Et vous en avez été ravie !

CLARICE. — Si je l'avais pu, je me serais enfuie, mais...

SILVIO, *l'interrompant.* — Toujours est-il que je viens d'entendre mon rival vous rappeler votre serment.

CLARICE. — Ce serment ne m'oblige pas à l'épouser.

SILVIO. — Qu'avez-vous donc juré ?

CLARICE. — Pardonnez-moi, cher Silvio, mais je ne puis vous le dire.

SILVIO. — Pourquoi ?

CLARICE. — Parce que j'ai juré de me taire.

SILVIO. — Cela prouve que vous êtes coupable.

CLARICE. — Non, je suis innocente.

SILVIO. — Les innocents ne se taisent pas.

CLARICE. — Et pourtant, cette fois-ci, c'est en parlant, que je me rendrais coupable.

SILVIO. — Et à qui avez-vous juré ce silence ?

CLARICE. — A monsieur Federigo.

SILVIO. — Et vous avez l'intention de l'observer rigoureusement ?

CLARICE. — Oui, je l'observerai, pour ne pas devenir parjure.

SILVIO. — Et vous prétendez ne pas aimer monsieur Federigo ? Pour vous croire, il faudrait être bien naïf ! Et moi qui ne le suis pas, je ne vous crois pas, cruelle, infidèle ! Otez-vous de ma vue !

CLARICE. — Si je ne vous aimais pas, je ne serais pas accourue ici pour vous sauver la vie !

SILVIO. — Cette vie, j'irai jusqu'à la haïr, s'il me faut en être redevable à une ingrate.

CLARICE. — Je vous aime de tout mon cœur.

SILVIO. — Je vous abhorre de toute mon âme.

CLARICE. — Si vous ne me croyez pas, je mourrai.

SILVIO. — J'aimerais mieux vous voir morte qu'infidèle.

CLARICE. — Je m'en vais exaucer votre souhait.

Elle ramasse par terre l'épée de Silvio.

SILVIO, *à part.* — Je sais bien qu'elle ne le fera pas.

CLARICE. — Cette épée va vous donner satisfaction. (*A part :*) Je veux voir jusqu'où peut aller sa cruauté.

SILVIO. — Oui, cette épée me vengera peut-être de votre trahison.

CLARICE. — Comment pouvez-vous être aussi cruel avec votre Clarice ?

SILVIO. — C'est vous-même qui m'avez enseigné la cruauté.

CLARICE. — Ainsi donc, vous souhaitez ma mort ?

SILVIO. — Je suis incapable de dire ce que je souhaite.

CLARICE. — Je m'en vais vous complaire.

Elle appuie la pointe de l'épée contre sa poitrine.

Sméraldine, *entrant en coup de vent.* — Halte-là ! Qu'est-ce que vous voulez faire, bon sang ? (*Elle lui prend l'épée. Puis, à Silvio :*) Et vous, chien de renégat, vous l'auriez laissée se tuer, hein ? Qu'est-ce que vous avez dans la poitrine ? Un cœur de tigre, de lion ou de démon ? Non mais, voyez-moi ce joli petit monsieur pour qui les femmes devraient s'étriper ! Ah, vous êtes bien bonne, madame. Il ne veut plus de vous sans doute ? Eh bien, quelqu'un qui ne veut pas de vous, ne vous mérite pas. Qu'il aille au diable, cet assassin ! Quant à vous, venez avec moi ! Croyez-moi, ce ne sont pas les hommes qui manquent et je m'engage à vous en trouver une douzaine avant ce soir.

Elle jette l'épée sur le sol et Silvio la ramasse.

Clarice, *pleurant.* — Ingrat ! Se peut-il que ma mort ne doive pas vous coûter un seul soupir ? Oui, la douleur me tuera, et quand je serai morte, vous serez content. Mais, un jour, mon innocence vous sera connue, et alors, trop tard, vous repentant de ne m'avoir point crue, vous pleurerez mon malheur et votre barbare cruauté.

Elle sort.

Sméraldine. — Voilà une chose que je ne parviens pas à comprendre. Voir une jeune fille qui veut se tuer et rester là, à la regarder, comme si on assistait à une scène de théâtre.

Silvio. — Folle que tu es ! Tu crois donc qu'elle voulait se tuer pour de bon ?

Sméraldine. — Tout ce que je sais, c'est que, si je n'étais pas arrivée à temps, la pauvrette était défunte.

Silvio. — Il s'en fallait encore de beaucoup pour que l'épée lui perce le sein.

Sméraldine. — Peut-on être aussi menteur ! Le sang coulait déjà !

Silvio. — Tout ça, ce sont de vos simagrées, à vous autres femmes !

Sméraldine. — Vous parlez comme si nous étions semblables à vous ! Oui, et je dirai comme le proverbe : c'est nous autres qui gaulons les noix et vous autres qui les mangez. Les femmes ont la réputation d'être infidèles, mais les infidélités, ce sont les hommes qui les commettent tant qu'ils peuvent. On parle toujours des femmes, mais des hommes, on ne dit rien. Nous autres, on nous critique, et vous autres, on vous passe tout. Vous savez pourquoi ? C'est parce que les lois, ce sont les hommes qui les ont faites, car si ç'avait été les femmes, il en irait bien différemment. Si c'était moi qui commandais, j'ordonnerais que tous les hommes infidèles se promènent une branche d'arbre à la main et je suis sûre que, du coup, toutes les villes se transformeraient en forêts.

Elle sort.

SILVIO, *seul.* — Clarice a reconnu elle-même qu'elle était restée seule avec Federigo : elle est donc infidèle, et elle prétexte un serment pour mieux me mentir. Oui, c'est une perfide, et si elle a fait semblant de vouloir se tuer, c'était pour m'apitoyer et me leurrer ainsi plus aisément. Mais ce n'est pas parce que le sort a voulu que je succombe devant mon rival, que je renoncerai à l'idée de me venger. Mon rival mourra et l'ingrate Clarice récoltera le juste fruit de son infidélité.

Il sort.

TABLEAU 2

Une salle de l'hôtellerie de Brighella. Deux portes au fond et une porte de chaque côté.

ARLEQUIN, *seul.* — J'ai vraiment bien du malheur ! Aucun de mes deux maîtres n'est encore venu dîner. Ça fait deux heures que midi a sonné, et toujours personne ! Ils vont finir par arriver tous les deux à la fois, et je serai bien ennuyé : je ne pourrai pas les servir en même temps, et le pot aux roses se découvrira. Chut ! chut ! En voici tout de même un ! Ce n'est pas trop tôt.

FLORINDO, *entrant.* — Eh bien, as-tu retrouvé ce Pasquale ?

ARLEQUIN. — Est-ce que nous n'avions pas dit, monsieur, que j'irais à sa recherche après que nous aurions dîné ?

FLORINDO. — Je brûle d'impatience.

ARLEQUIN. — Vous n'aviez qu'à rentrer dîner un peu plus tôt.

FLORINDO, *à part.* — Comment savoir si Béatrice est ou non à Venise ?

ARLEQUIN. — Vous me dites : « Allons commander le dîner », et puis vous disparaissez. Tout va être trop cuit.

FLORINDO. — Pour l'instant, je n'ai pas faim. (*A part :*) Je vais retourner à la Poste. En y allant moi-même, j'apprendrai peut-être quelque chose.

Arlequin. — Vous savez, monsieur, dans ce pays-ci, il faut manger, car, si on ne mange pas, on tombe malade.

Florindo. — Je dois sortir pour une affaire urgente. Si je rentre assez tôt, je dînerai ; sinon, je souperai ce soir. Mais toi, si tu veux, fais-toi servir à manger.

Arlequin. — Oh, je n'en demande pas plus. S'il en est ainsi, ne vous pressez pas : vous êtes le maître.

Florindo. — Cette bourse m'encombre. Tiens, mets-la dans ma malle. Voici la clé.

Il donne à Arlequin la clé et la bourse contenant les cent ducats.

Arlequin. — Je vous rapporte la clé tout de suite.

Florindo. — Non, non, tu me la donneras plus tard. Je n'ai pas le temps de m'attarder. Si je ne rentre pas pour dîner, viens me retrouver sur la place Saint-Marc : j'attends avec impatience que tu aies remis la main sur Pasquale.

Il sort.

Arlequin, *seul.* — Heureusement qu'il a tout de même dit que je me fasse servir à manger. Dans ces conditions, on s'entendra toujours, nous deux ! Oui, si lui n'a pas envie de manger, à la bonne sienne ! Mais, moi, mon tempérament n'est pas fait pour le jeûne. Je m'en vais ranger cette bourse, et puis tout de suite après...

Béatrice, *entrant.* — Arlequin ?

Arlequin, *à part.* — Nom d'un petit bonhomme ! Voilà l'autre !

Béatrice. — Monsieur Pantalon dei Bisognosi t'a-t-il remis une bourse contenant cent ducats ?

Arlequin. — Oui, monsieur, il me l'a remise.

Béatrice. — Et alors, qu'attends-tu pour me la donner ?

Arlequin. — Elle est pour Votre Seigneurie, cette bourse ?

Béatrice. — Si elle est pour moi ? Que t'a dit monsieur Pantalon en te la donnant ?

Arlequin. — Il m'a dit de la donner à mon maître.

Béatrice. — Eh bien, qui est ton maître ?

Arlequin. — Votre Seigneurie.

Béatrice. — Alors, pourquoi demandes-tu si cette bourse est pour moi ?

Arlequin. — Il n'y a pas de doute : elle est pour vous.

BÉATRICE. — Où est-elle ?

ARLEQUIN, *lui donnant la bourse.* — La voici.

BÉATRICE. — Il y a le compte ?

ARLEQUIN. — Je n'ai pas regardé, monsieur.

BÉATRICE, *à part.* — Je vérifierai plus tard.

ARLEQUIN, *à part.* — Je m'étais trompé pour la bourse, mais j'ai tout arrangé. Mais que dira mon autre maître ? Bah ! puisqu'elle n'était pas pour lui, il ne dira rien.

BÉATRICE. — Monsieur Brighella est-il là ?

ARLEQUIN. — Oui, monsieur, il est là.

BÉATRICE. — Dis-lui que j'ai invité un ami à dîner et qu'en conséquence, il soigne le menu.

ARLEQUIN. — Que désirez-vous manger, monsieur ? Combien de plats voulez-vous ?

BÉATRICE. — Monsieur Pantalon dei Bisognosi est un homme simple. Dis à monsieur Brighella de nous servir cinq ou six plats, mais que tout soit bon.

ARLEQUIN. — Vous vous en remettez à moi ?

BÉATRICE. — Oui, compose le menu et distingue-toi. Je vais chercher mon invité : arrange-toi pour que le dîner soit prêt quand je reviendrai.

Elle se prépare à sortir.

ARLEQUIN. — Vous allez voir le dîner que je vais vous commander.

BÉATRICE, *revenant sur ses pas.* — Tiens, range ce papier dans ma malle. Prends-en bien soin, surtout : c'est une lettre de change de quatre mille écus.

ARLEQUIN. — Ne vous inquiétez pas, monsieur : je vais le ranger tout de suite.

BÉATRICE. — Et occupe-toi du dîner. (*A part :*) Pauvre monsieur Pantalon, il a eu grand peur : il a besoin d'être distrait.

Elle sort.

ARLEQUIN, *seul.* — A présent, il s'agit de se distinguer. La première fois que mon maître me charge de commander un dîner, je tiens à lui montrer que j'ai bon goût. Je m'en vais ranger ce papier et puis... Non, je le rangerai ensuite, je ne veux pas perdre de temps. (*Appelant :*) Holà, quelqu'un ! Dites à monsieur Brighella que j'ai à lui parler.

(*De nouveau pour lui-même :*) Un dîner réussi ne consiste pas tellement dans les victuailles que dans la belle ordonnance de la table : mieux vaut quelques plats heureusement disposés qu'une montagne de plats.

BRIGHELLA, *entrant.* — Qu'y a-t-il pour votre service, monsieur Arlequin ?

ARLEQUIN. — Mon maître a invité un ami à dîner et il veut que vous doubliez le menu, mais cela vite, tout de suite. Avez-vous ce qu'il faut à la cuisine ?

BRIGHELLA. — Chez moi, il y a toujours tout ce qu'il faut. En une demi-heure, je puis vous servir n'importe quel menu.

ARLEQUIN. — Fort bien. Dites-moi un peu ce que vous allez nous donner.

BRIGHELLA. — Pour deux personnes, on pourrait avoir deux services de quatre plats chacun. Qu'en dites-vous ?

ARLEQUIN, *à part.* — Il m'a dit cinq ou six plats : six ou huit, ce n'est pas grave. (*A Brighella :*) Ça ira très bien. Qu'est-ce qu'il y aura dans ces plats ?

BRIGHELLA. — Pour le premier service, une bonne soupe, une belle friture, un beau bouilli et un fricandeau.

ARLEQUIN. — Les trois premiers plats, je les connais, mais le quatrième, je ne sais pas ce que c'est.

BRIGHELLA. — C'est un plat à la française, une sorte de ragoût, quelque chose de succulent.

ARLEQUIN. — Très bien, d'accord pour le premier service. Et le second ?

BRIGHELLA. — Le second ? Le rôti, une salade, un pâté en croûte et un « poudingue ».

ARLEQUIN. — Cette fois aussi, il y a un plat que je ne connais pas. Qu'est-ce exactement que ce « boudingue » ?

BRIGHELLA. — Un poudingue, pas un boudingue ! C'est un plat à l'anglaise : du nanan.

ARLEQUIN. — Très bien, je n'ai rien à redire. Mais comment allons-nous disposer les plats sur la table ?

BRIGHELLA. — Ce n'est pas difficile : le garçon s'en chargera.

ARLEQUIN. — Non, non, mon cher, j'attache la plus grande importance à l'ordonnance de la table. L'ordonnance de la table, tout est là !

BRICHELLA, *indiquant du geste une disposition quelconque.* — Eh bien, on mettra, par exemple, la soupe ici, la friture là, le bouilli là et le fricandeau là.

ARLEQUIN. — Non, non, ça ne va pas du tout ! Au milieu, vous ne mettez rien ?

BRICHELLA. — Il faudrait qu'il y ait cinq plats.

ARLEQUIN. — Eh bien, faites-en cinq.

BRICHELLA. — Et si, au milieu, nous mettions une sauce pour le bouilli ?

ARLEQUIN. — Non, non, mon cher, vous n'y connaissez rien ! La place de la sauce n'est pas au milieu. Au milieu, c'est la soupe qu'il faut mettre.

BRICHELLA. — Eh bien, nous mettrons le bouilli de ce côté-là, et la sauce de ce côté-ci...

ARLEQUIN. — Oh là là, de mal en pis ! Vous autres hôteliers, vous savez peut-être cuisiner, mais vous ne savez pas dresser une table. Moi, je vais vous apprendre. Imaginez que la table, ce soit ça. (*Il met un genou en terre et montre le sol.*) Observez bien comment je dispose mes cinq plats. Par exemple, là, au milieu, la soupe. (*Il déchire un morceau de la lettre de change et le met sur le sol pour figurer le plat du milieu. Déchirant un nouveau morceau de la lettre, et le plaçant sur le sol :*) De ce côté-ci, le bouilli. (*Même jeu avec un autre morceau de la lettre.*) De ce côté-là, la friture. (*Même jeu.*) Là, la sauce et, là, ce plat que je ne connais pas. Que vous en semble ? Ce n'est pas mieux comme ça ?

BRICHELLA. — C'est parfait, mais la sauce est trop loin du bouilli.

ARLEQUIN. — Attendez, on va voir comment on pourrait faire pour la rapprocher un peu.

BÉATRICE, *entrant avec Pantalon, à Arlequin.* — Qu'est-ce que tu fabriques à genoux ?

ARLEQUIN, *se relevant.* — J'étais en train de faire comme qui dirait le plan de la table.

BÉATRICE. — Qu'est-ce que c'est que ce papier ?

ARLEQUIN, *à part.* — Saperlipopette ! c'est celui qu'il m'a donné tout à l'heure.

BÉATRICE. — Mais c'est ma lettre de change !

ARLEQUIN. — Excusez-moi ! Je m'en vais vous la recoller...

BÉATRICE. — Coquin ! C'est comme ça que tu prends soin de mes affaires ? C'est là ce que tu fais d'un papier précieux ? Tu mériterais des coups de bâton. Qu'en dites-vous, monsieur Pantalon ? A-t-on jamais vu pareille sottise ?

PANTALON. — A la vérité, la chose est plutôt risible. Elle serait grave si elle était sans remède, mais je vais vous faire un double de cette lettre, et comme ça, ce petit malheur sera réparé.

BÉATRICE. — Ç'aurait été exactement la même chose si cette lettre de change me venait de Chine ! (*A Arlequin :*) Grand imbécile !

ARLEQUIN. — Tout le mal est venu de ce que monsieur Brighella ne sait pas dresser une table.

BRIGHELLA. — Il trouve à redire à tout.

ARLEQUIN. — C'est que moi, je suis un homme compétent.

BÉATRICE. — Va-t'en d'ici.

ARLEQUIN. — La belle ordonnance d'une table est plus importante que...

BÉATRICE. — Va-t'en, te dis-je.

ARLEQUIN. — En ce qui concerne l'art de dresser une table, je ne le cèderais pas au premier officier de la bouche du monde !

Il sort.

BRIGHELLA. — Je ne comprends rien à ce garçon : il est tantôt malin comme un singe et tantôt bête comme une oie.

BÉATRICE, *à Brighella.* — Il joue les idiots, ce coquin ! Eh bien, notre dîner est-il bientôt prêt ?

BRIGHELLA. — Si vous voulez cinq plats par service, il va falloir un peu patienter.

PANTALON. — Qu'est-ce que c'est que cette histoire de services ? Qu'est-ce que c'est que cette histoire de cinq plats ? A la bonne franquette, à la bonne franquette ! Quatre grains de riz, deux petits plats, et c'est tout. Je suis un homme sans cérémonies.

BÉATRICE, *à Brighella.* — Vous entendez ? Agissez en conséquence.

BRIGHELLA. — Parfait, mais si, par hasard, vous aviez envie de quelque chose de spécial, dites-le moi.

PANTALON. — Si l'on pouvait avoir des croquettes, comme je n'ai pas de très bonnes dents...

BÉATRICE, *à Brighella.* — Vous entendez ? Des croquettes.

BRIGHELLA. — C'est noté ! Si ces messieurs veulent bien aller s'installer, ils vont être servis tout de suite.

BÉATRICE. — Dites à Arlequin de venir nous servir.

BRIGHELLA, *sortant.* — Je vais le lui dire, monsieur.

BÉATRICE. — Monsieur Pantalon voudra bien se contenter d'une maigre chère ?

PANTALON. — Vous badinez, cher monsieur ! Je vous donne déjà assez de dérangement comme ça ! C'est moi qui aurais dû vous recevoir chez moi, mais, vous comprenez, ayant une jeune fille à la maison, tant que tout n'est pas réglé, il n'est pas convenable que vous soyez trop ensemble. Si j'ai accepté votre aimable invitation, c'est pour me changer un peu les idées. Je tremble encore de peur. Ah ! si vous n'aviez pas été là, mon cher enfant, ce vilain drôle m'estourbissait.

BÉATRICE. — Je suis heureux d'être arrivé à temps.

Des garçons apportent dans la pièce indiquée à Béatrice par Brighella tout ce qu'il faut pour mettre la table : nappe, serviettes, verres, vin, pain, etc.

PANTALON. — Le personnel de l'hôtellerie de monsieur Brighella est particulièrement rapide.

BÉATRICE. — Monsieur Brighella est un hôtelier parfait. A Turin, il servait dans une grande maison et cette expérience lui a été fructueuse.

PANTALON. — Il y a une certaine auberge sur le Grand Canal, en face des Manufactures du Rialto, où l'on mange aussi très bien. J'y suis allé plusieurs fois avec d'honnêtes gens de mes amis, et on y est si bien traité que, lorsque j'y pense, j'en ai encore l'eau à la bouche. Entre autres choses, je me rappelle un de ces bourgognes qui vous ravigoterait un mort !

BÉATRICE. — Il n'y a pas de plus grand plaisir au monde que d'être en agréable compagnie.

PANTALON. — Oh, si vous saviez combien peut être agréable la compagnie des amis dont je vous parle ! Ce sont des cœurs d'or ! Et quelle simplicité ! quelle bonne humeur ! Les parties qu'on a faites ensemble, également à la Giudecca ! Vous pouvez me croire : des hommes comme ça, on pourrait chercher loin pour trouver leurs pareils.

Les garçons sortent de la pièce où ils ont mis la table et retournent à la cuisine.

BÉATRICE. — Si je comprends bien, vous avez passé de joyeux moments avec eux.

PANTALON. — Et j'espère bien recommencer !

ARLEQUIN, *entrant, porteur d'une soupière, à Béatrice.* — Si Monsieur veut bien passer à table : je vais servir la soupe.

BÉATRICE. — Nous te suivons !

ARLEQUIN, *faisant le cérémonieux.* — Oh non, monsieur, après vous !

PANTALON, *entrant dans la pièce.* — Il est badin, votre serviteur.

BÉATRICE, *à Arlequin.* — Je souhaiterais moins de facéties et plus d'attention.

Elle entre à son tour dans la pièce où est dressée la table.

ARLEQUIN, *seul.* — Non mais, voyez-moi ce service ! Un plat à la fois ! On dépense des tas de sous et on ne peut pas obtenir que les choses se fassent dans les règles ! Qui sait même si cette soupe est mangeable ? Il faut que je la goûte. (*Il tire une cuiller de sa poche et goûte la soupe.*) J'ai toujours mes armes dans ma poche. Ma foi ! elle n'est pas trop mauvaise, elle pourrait même être pire.

Il entre dans la pièce où se trouvent Béatrice et Pantalon.

Le garçon paraît, porteur d'un plat de bouilli.

LE GARÇON. — Est-ce qu'il va me faire attendre longtemps, celui-là ?

ARLEQUIN, *paraissant.* — Me voici, camarade. Qu'est-ce que vous m'apportez ?

LE GARÇON. — Le bouilli. Je vais chercher la suite.

Il sort.

ARLEQUIN. — Est-ce que c'est du mouton ou est-ce que c'est du veau ? J'ai l'impression que c'est du mouton. Goûtons un peu. (*Il en goûte un morceau.*) Non, ce n'est ni du mouton ni du veau, c'est de l'excellent agneau !

Il se dirige vers la pièce où est Béatrice.

FLORINDO, *entrant.* — Où vas-tu ?

ARLEQUIN, *à part.* — Oh, pauvre de moi !

FLORINDO. — Où vas-tu avec ce plat ?

ARLEQUIN. — J'allais le mettre sur la table, monsieur.

FLORINDO. — Sur la table de qui ?

ARLEQUIN. — Celle de Votre Seigneurie, bien sûr !

FLORINDO. — Quel besoin de servir avant que je sois là ?

ARLEQUIN. — Je vous ai vu arriver par la fenêtre. (*A part :*) Pas mal trouvé !

FLORINDO. — Et tu sers le bouilli avant la soupe ?

ARLEQUIN. — Je vais vous dire, monsieur : à Venise, on mange la soupe en dernier.

FLORINDO. — Moi, je suis habitué autrement. Je veux la soupe d'abord. Rapporte ce plat à la cuisine.

ARLEQUIN. — Bien, monsieur, à vos ordres.

FLORINDO. — Et dépêche-toi. Après dîner, je voudrais me reposer un peu.

ARLEQUIN. — Tout de suite.

Il feint de se diriger vers la cuisine.

FLORINDO, *à part.* — Est-ce que je ne retrouverai jamais Béatrice ?

Il entre dans la seconde des pièces dont la porte est au fond.

Aussitôt que Florindo a disparu, Arlequin court porter le plat de bouilli chez Béatrice.

LE GARÇON, *revenant avec un autre plat.* — Il n'est jamais là, celui-là. (*Appelant :*) Arlequin !

ARLEQUIN, *sortant de chez Béatrice.* — Me voici ! Vite, allez mettre le couvert à côté : l'autre voyageur vient de rentrer et il veut sa soupe tout de suite.

LE GARÇON, *sortant.* — C'est comme si c'était déjà fait !

ARLEQUIN, *seul.* — Qu'est-ce que ça peut bien être, ce plat-là ? C'est probablement le fourbicandeau. (*Il goûte.*) Foi d'honnête homme, c'est rudement bon !

Il porte le plat de fricandeau chez Béatrice.

Des garçons traversent la scène, porteurs de ce qu'il faut pour mettre le couvert, et entrent chez Florindo.

ARLEQUIN. — Bravo ! Ça, c'est du travail ! Ils sont lestes comme des chats. Oh, si je réussissais à servir à table mes deux maîtres en même temps, c'est ça qui serait bien !

Les garçons sortent de chez Florindo et repartent vers la cuisine.

ARLEQUIN. — Vite, mes enfants, la soupe !

LE GARÇON. — Occupez-vous de votre service, nous, nous nous occuperons du nôtre.

Il sort.

ARLEQUIN. — Evidemment, si j'avais deux paires de bras et deux paires de jambes, ce serait plus facile !

Le garçon revient, porteur de la soupe pour Florindo.

ARLEQUIN. — Donnez-moi ça. Je vais la lui porter moi-même. Et pendant ce temps-là, allez chercher la suite pour les autres.

Il prend la soupière des mains du garçon et la porte chez Florindo.

LE GARÇON. — Il est vraiment drôle ! Il veut servir à droite, il veut servir à gauche. Grand bien lui fasse ! Moi, pourvu que je ne sois pas oublié au moment du pourboire !...

Arlequin sort de chez Florindo.

BÉATRICE, *invisible, appelant.* — Arlequin !

LE GARÇON, *à Arlequin.* — Allez donc servir votre maître !

ARLEQUIN, *se précipitant chez Béatrice.* — Me voici, monsieur !

Un garçon apporte le plat de bouilli destiné à Florindo.

LE GARÇON. — Donnez-moi ça.

Il prend le plat de bouilli. L'autre garçon sort.

Arlequin sort de chez Béatrice avec des assiettes sales.

FLORINDO, *appelant, invisible.* — Arlequin !

ARLEQUIN. — Donnez-moi ça.

Il veut prendre le plat de bouilli des mains du garçon.

LE GARÇON. — Non, le bouilli, c'est moi qui vais le servir.

ARLEQUIN. — Vous n'entendez pas que c'est moi qu'il appelle ?

Il lui prend le plat des mains et le porte à Florindo.

LE GARÇON. — Elle est bien bonne, celle-là. Il veut tout faire.

Un garçon apporte un plat de croquettes, le donne au garçon, puis sort.

LE GARÇON. — J'irais bien leur porter leurs croquettes, mais je ne veux pas d'histoires avec cet autre.

Arlequin sort de chez Florindo avec des assiettes sales.

LE GARÇON. — Tenez, monsieur le bon à tout faire, portez ces croquettes à votre maître.

ARLEQUIN, *prenant le plat.* — Des croquettes ?

LE GARÇON, *sortant.* — Oui, des croquettes qu'il a commandées.

ARLEQUIN. — Bigre ! A qui dois-je les porter ? Quel est celui de mes deux maîtres qui a bien pu les commander ? Si je vais le demander à la cuisine, je leur mettrai la puce à l'oreille, et si je me trompe et que je les porte à celui qui ne les a pas commandées, l'autre les réclamera et le pot aux roses se découvrira. Oh ! je sais ce que je vais faire... Oh là là, suis-je assez malin ! Voilà ce que je vais faire : je vais les répartir en deux plats et j'en porterai la moitié à chacun : comme ça, celui qui les a commandées n'y verra que du feu. (*Il prend un plat sur la desserte et y met la moitié des croquettes.*) Quatre et quatre. Mais il en reste une. A qui dois-je la donner ? Comme je ne veux léser personne, je vais la manger moi-même. (*Il mange la croquette.*) A présent, tout va bien. Commençons par ce maître-ci.

Il pose l'un des plats par terre et porte l'autre chez Béatrice.

LE GARÇON, *entrant, porteur d'un pudding à l'anglaise.* — Arlequin !

ARLEQUIN, *sortant de chez Béatrice.* — Me voici !

LE GARÇON. — Portez ce poudingue...

ARLEQUIN. — Attends, je reviens.

Il prend sur le sol l'autre plat de croquettes et se prépare à le porter chez Florindo.

LE GARÇON. — Vous vous trompez : les croquettes c'est pour par là.

Il montre la pièce où est Béatrice.

ARLEQUIN. — Vous pensez bien que je le sais, et je les ai portées par là, mais mon maître en envoie quatre en cadeau à ce voyageur.

Il entre chez Florindo.

LE GARÇON. — S'ils se connaissent et s'ils sont amis, ils auraient pu dîner ensemble.

ARLEQUIN, *reparaissant.* — Et alors, qu'est-ce que c'est que ce machin-là ?

LE GARÇON. — C'est le poudingue à l'anglaise.

ARLEQUIN. — Pour qui ?

LE GARÇON. — Pour votre maître.

Il sort.

ARLEQUIN. — Un boudingue ? Qu'est-ce que ça peut bien être ? Ça sent bon, on dirait de la polenta. Oh, si c'était de la polenta, c'est ça qui serait bien ! Je vais goûter. (*Il tire une fourchette de sa poche.*) Ce n'est pas de la polenta, mais ça y ressemble. (*Il mange.*) C'est meilleur que de la polenta. (*Il en mange encore.*)

BÉATRICE, *appelant, invisible.* — Arlequin !

ARLEQUIN, *la bouche pleine.* — J'arrive !

FLORINDO, *invisible, appelant.* — Arlequin !

ARLEQUIN, *la bouche pleine.* — Me voici ! (*Pour lui-même :*) Oh, ce que ça peut être bon ! Encore une petite bouchée, et j'y vais.

Il continue de manger.

BÉATRICE, *sort de sa chambre, et voyant Arlequin qui mange, elle lui donne un coup de pied, puis.* — Viens desservir.

Arlequin pose le pudding sur le sol et entre chez Béatrice.

FLORINDO, *sortant de sa chambre et appelant.* — Arlequin ! Où diable est-il fourré, cet animal ?

ARLEQUIN, *sortant de chez Béatrice.* — Le voici !

FLORINDO. — Où étais-tu ? Où te cachais-tu ?

ARLEQUIN. — J'étais allé chercher des assiettes, monsieur.

FLORINDO. — Y a-t-il autre chose à manger ?

ARLEQUIN. — Je vais aller voir.

FLORINDO. — Dépêche-toi, te dis-je, j'ai besoin de me reposer.

Il rentre dans sa chambre.

ARLEQUIN. — J'y cours. (*Criant :*) La suite ! (*Pour lui-même :*) Ce boudingue, je vais me le mettre de côté.

Il cache le pudding.

LE GARÇON, *entrant, porteur d'un plat de rôti.* — Voilà le rôti.

ARLEQUIN, *prenant le rôti.* — Les fruits, vite !

LE GARÇON. — Oh, quoi, il n'y a pas le feu !

Il sort.

ARLEQUIN. — Le rôti, je vais le porter à celui-là.

Il entre chez Florindo.

LE GARÇON, *revenant avec des fruits.* — Voilà les fruits ! Où êtes-vous ?

ARLEQUIN, *sortant de chez Florindo.* — Me voici.

LE GARÇON, *lui donnant les fruits.* — Tenez ! C'est tout ce qu'il vous faut ?

ARLEQUIN. — Attendez !

Il porte les fruits chez Béatrice.

LE GARÇON. — Et je te bondis par ci, et je te bondis par là ! Ce n'est pas un homme, c'est un démon !

ARLEQUIN, *reparaissant.* — C'est tout. Ça leur suffit comme ça.

LE GARÇON. — J'en suis bien aise.

ARLEQUIN. — Maintenant, mettez le couvert pour moi.

LE GARÇON. — Tout de suite.

Il sort.

ARLEQUIN. — Libérons mon boudingue ! Vive moi ! J'y suis arrivé : ils sont tous contents, ils ne veulent plus rien, ils n'ont plus faim. J'ai servi à table deux maîtres, et aucun des deux ne s'est douté qu'il y en avait un autre. Mais puisque j'ai servi pour deux, maintenant, je veux manger pour quatre.

Il sort, emportant le pudding.

TABLEAU 3

La rue devant l'hôtellerie de Brighella.

Sméraldine paraît, une lettre à la main.

SMÉRALDINE. — Non, vraiment, ma maîtresse a de ces idées ! M'envoyer porter un billet dans une hôtellerie, moi, une jeune fille comme moi ! Ah, c'est terrible d'avoir à servir une femme amoureuse ! Elle commet mille extravagances, ma maîtresse, et ce que je ne parviens pas à comprendre, c'est qu'étant amoureuse de monsieur Silvio au point de s'étriper par amour pour lui, elle envoie tout de même des billets doux à un autre. A moins qu'elle en veuille un pour l'été et l'autre pour l'hiver ! Enfin !... Moi, en tout cas, il n'est pas question que j'entre dans cette hôtellerie. Je vais appeler et l'on verra bien si quelqu'un vient. (*Appelant :*) Holà ! Il y a quelqu'un ?

LE GARÇON, *paraissant sur le seuil de la porte.* — Que désirez-vous, ma jolie ?

SMÉRALDINE, *à part.* — Je suis vraiment morte de honte. (*Au garçon* :) Dites-moi, est-ce qu'un certain monsieur Federigo Rasponi ne loge pas dans cette hôtellerie ?

LE GARÇON. — Si fait. Il vient juste de finir de dîner.

SMÉRALDINE. — J'aurais quelque chose à lui remettre.

LE GARÇON. — En particulier ? Vous pouvez entrer.

SMÉRALDINE. — Oh, pour qui me prenez-vous ? Je suis la femme de chambre de sa fiancée.

LE GARÇON. — Eh bien, entrez.

SMÉRALDINE. — Il n'en est pas question !

LE GARÇON. — Vous ne voudriez tout de même pas que je le fasse venir dans la rue ? Il me semble que ce ne serait pas de très bon goût ; d'autant plus qu'il est en compagnie de monsieur Pantalon dei Bisognosi.

SMÉRALDINE. — Mon maître ? Raison de plus pour que je n'y aille pas.

LE GARÇON. — Si vous voulez, je vais vous envoyer son serviteur.

SMÉRALDINE. — Un petit brunet ?

LE GARÇON. — C'est ça, oui.

SMÉRALDINE. — Oui, oui, envoyez-le moi.

LE GARÇON, *à part.* — Compris. Le petit brunet ne lui déplaît pas. Et elle rougirait d'entrer dans une hôtellerie, mais elle ne rougira pas d'être vue avec lui dans la rue.

Il entre dans l'hôtellerie.

SMÉRALDINE, *seule.* — Si mon maître me voit, qu'est-ce que je vais lui raconter ? Je sais ! je lui dirai que j'étais venue le chercher. Ah, ce ne sont pas les idées qui me manquent.

Arlequin paraît, une fiasque de vin d'une main, un verre de l'autre et une serviette autour du cou.

ARLEQUIN. — Qui est-ce qui me demande ?

SMÉRALDINE. — C'est moi, monsieur. Je suis désolée de vous avoir dérangé.

ARLEQUIN. — Je vous en prie ! Je suis tout à vos ordres.

SMÉRALDINE. — A ce que je vois, j'ai l'impression que vous étiez à table.

ARLEQUIN. — J'étais effectivement à table, mais, ne vous inquiétez pas, j'y retournerai.

SMÉRALDINE. — Sincèrement, je suis navrée...

ARLEQUIN. — Et moi, je suis ravi. Pour tout vous dire, j'ai le ventre plein et ces beaux petits yeux-là tombent à pic pour me faire digérer.

SMÉRALDINE, *à part.* — Il est vraiment charmant !

ARLEQUIN. — Je pose ce petit flacon et je suis tout à vous, ma chérie.

SMÉRALDINE, *à part.* — Il m'a appelée chérie ! (*A Arlequin :*) Ma maîtresse envoie ce billet à monsieur Federigo Rasponi, et, le souci de ma réputation m'interdisant d'entrer dans une hôtellerie, j'ai eu l'extrême hardiesse de vous déranger pour que vous le lui remettiez.

ARLEQUIN. — Je le lui remettrai volontiers, mon petit cœur, mais, auparavant, apprenez que, moi aussi, j'ai une commission à vous faire.

SMÉRALDINE. — De la part de qui ?

ARLEQUIN. — De la part d'un fort honnête homme. Dites, connaissez-vous un certain Arlequin Batocchio ?

SMÉRALDINE. — Il me semble l'avoir entendu nommer, mais je suis incapable de me rappeler où. (*A part :*) Est-ce que ce ne serait pas lui ?

ARLEQUIN. — C'est un bel homme : courtaud, râblé, spirituel, éloquent. De son métier, maître de cérémonies...

SMÉRALDINE. — Je ne le connais absolument pas.

ARLEQUIN. — Et pourtant, lui, il vous connaît et il est amoureux de vous.

SMÉRALDINE. — Oh, vous vous moquez de moi !

ARLEQUIN. — Et s'il pouvait espérer être un tout petit peu payé de retour, il se ferait connaître.

SMÉRALDINE. — Je vais vous dire, monsieur : si je le voyais et qu'il me plût, il se pourrait fort que je ne lui sois point cruelle.

ARLEQUIN. — Vous voulez que je vous le fasse voir ?

SMÉRALDINE. — Je le verrai volontiers.

ARLEQUIN. — C'est l'affaire d'un instant...

Il entre dans l'hôtellerie.

SMÉRALDINE. — Donc, ce n'est pas lui.

Arlequin sort de l'hôtellerie, fait des révérences à Sméraldine, passe près d'elle, soupire et puis rentre dans l'hôtellerie.

SMÉRALDINE. — Je n'y comprends rien.

ARLEQUIN, *reparaissant.* — Vous l'avez vu ?

SMÉRALDINE. — Qui ça ?

ARLEQUIN. — Celui qui est amoureux de vos beautés.

SMÉRALDINE. — Mais je n'ai vu que vous.

ARLEQUIN, *soupirant.* — Eh oui !

SMÉRALDINE. — Celui qui prétend avoir un sentiment pour moi, serait-ce vous ?

ARLEQUIN, *avec un soupir.* — C'est moi.

SMÉRALDINE. — Pourquoi ne me l'avez-vous pas dit tout de suite ?

ARLEQUIN. — Parce que je suis un tout petit peu timide.

SMÉRALDINE, *à part.* — Il rendrait amoureux un rocher !

ARLEQUIN. — Et alors, qu'est-ce que vous me répondez ?

SMÉRALDINE. — Eh bien, je vous réponds que...

ARLEQUIN. — Allons, parlez !

SMÉRALDINE. — Oh, c'est que, moi aussi, je suis un tout petit peu timide.

ARLEQUIN. — Si on s'unissait tous les deux, ce serait le mariage de deux personnes un tout petit peu timides.

SMÉRALDINE. — A la vérité, vous êtes loin de me déplaire.

ARLEQUIN. — Vous êtes pucelle ?

SMÉRALDINE. — Oh, ça ne se demande même pas.

ARLEQUIN. — Ce qui veut dire que vous ne l'êtes pas.

SMÉRALDINE. — Au contraire, ça veut dire que je le suis tout à fait.

ARLEQUIN. — Moi aussi, je suis puceau.

SMÉRALDINE. — Moi, j'aurais déjà trouvé à me marier cinquante fois, mais je n'ai jamais rencontré quelqu'un qui me plaise.

ARLEQUIN. — Puis-je espérer pratiquer une brèche dans votre sympathie ?

SMÉRALDINE. — A la vérité, il faut que je vous l'avoue, vous avez un certain je ne sais quoi... Suffit, je ne peux pas en dire davantage.

ARLEQUIN. — Quelqu'un qui vous voudrait pour femme, comment devrait-il s'y prendre ?

SMÉRALDINE. — Comme je n'ai plus ni père ni mère, il faudrait qu'il en parle à mon maître ou à ma maîtresse.

ARLEQUIN. — Parfait, et si je leur en parle, qu'est-ce qu'ils diront ?

SMÉRALDINE. — Ils diront que si, moi, je suis d'accord...

ARLEQUIN. — Et vous, qu'est-ce que vous direz ?

SMÉRALDINE. — Je dirai que... si eux sont d'accord...

ARLEQUIN. — Je n'ai pas besoin d'en savoir davantage. Nous serons tous d'accord. Donnez-moi la lettre, et, quand je vous rapporterai la réponse, nous causerons.

SMÉRALDINE. — La voici.

ARLEQUIN. — Savez-vous ce qu'elle dit, cette lettre ?

SMÉRALDINE. — Je l'ignore, mais si vous saviez l'envie que j'ai de le savoir !

ARLEQUIN. — Je ne voudrais pas que ce soit une de ces méchantes lettres qui valent des coups de bâton à celui qui les apporte.

SMÉRALDINE. — Ça m'étonnerait en tout cas que ce soit une lettre d'amour.

ARLEQUIN. — Moi, je ne veux pas d'ennuis. Si je ne sais pas ce qu'elle dit, je ne la porte pas à mon maître.

SMÉRALDINE. — On pourrait l'ouvrir... mais ensuite, il faudrait la refermer.

ARLEQUIN. — Laissez-moi faire ! Je n'ai pas mon pareil pour cacheter les lettres. On n'y verra que du feu.

SMÉRALDINE. — Alors, ouvrons-la.

ARLEQUIN. — Vous savez lire, vous ?

SMÉRALDINE. — Un peu. Mais vous, vous savez certainement très bien.

ARLEQUIN. — Très bien, non, mais un tout petit peu.

SMÉRALDINE. — Alors, ouvrons-la.

ARLEQUIN. — Il s'agit de procéder avec délicatesse.

Il déchire une partie de la lettre en l'ouvrant.

SMÉRALDINE. — Oh ! qu'avez-vous fait ?

ARLEQUIN. — C'est sans importance. J'ai un secret pour la raccommoder. Tenez : il n'y a plus qu'à la lire.

SMÉRALDINE. — Eh bien, lisez-la.

ARLEQUIN. — Non, lisez-la, vous. Vous déchiffrerez certainement mieux que moi l'écriture de votre maîtresse.

SMÉRALDINE, *considérant la lettre.* — Pour vous dire la vérité, je n'y comprends goutte.

ARLEQUIN, *considérant à son tour la lettre.* — Et moi, pas davantage.

SMÉRALDINE. — Alors, c'était bien la peine de l'ouvrir.

ARLEQUIN, *prenant la lettre.* — Attendez, ne nous décourageons pas, je crois que je commence à y voir clair.

SMÉRALDINE. — Moi aussi, je commence à distinguer quelques lettres.

ARLEQUIN. — Procédons par ordre. Ça, est-ce que ce ne serait pas un *m* ?

SMÉRALDINE. — Mais non, c'est un *r* !

ARLEQUIN. — Entre l'*r* et l'*m*, il n'y a pas grande différence.

SMÉRALDINE. — *R...r...a...ra.* Non, non, vous avez raison, je crois que c'est un *m*. *M... m... a... ma.*

ARLEQUIN. — Ce n'est certainement pas *ma*, mais *mon*.

SMÉRALDINE. — Si, si, c'est *ma :* il y a une petite queue.

ARLEQUIN. — Raison de plus pour que ça soit : *mon.*

Pantalon et Béatrice sortent de l'hôtellerie.

PANTALON, *à Sméraldine.* — Qu'est-ce que vous faites là, vous ?

SMÉRALDINE, *apeurée.* — Rien, monsieur, je venais vous chercher.

PANTALON, *à Sméraldine.* — Pourquoi ?

SMÉRALDINE, *même jeu.* — Ma maîtresse vous réclame.

BÉATRICE, *à Arlequin.* — Qu'est-ce que c'est que ce papier ?

ARLEQUIN, *apeuré.* — Ce n'est rien, c'est... un papier...

BÉATRICE, *à Arlequin.* — Montre.

ARLEQUIN, *lui donnant la lettre en tremblant.* — Tenez, monsieur.

BÉATRICE. — Comment ! Mais c'est une lettre qui m'est adressée. Misérable ! Est-ce que tu vas continuer longtemps à ouvrir mes lettres ?

ARLEQUIN. — Monsieur, je ne m'explique pas comment...

BÉATRICE. — C'est un mot de madame Clarice, monsieur Pantalon, pour me prévenir que Silvio est fou de jalousie, et ce coquin a osé l'ouvrir.

PANTALON, *à Sméraldine.* — Et toi, tu étais de mèche avec lui ?

SMÉRALDINE. — Je ne sais pas ce que vous voulez dire, monsieur.

BÉATRICE. — Qui a ouvert cette lettre ?

ARLEQUIN. — Ce n'est pas moi.

SMÉRALDINE. — Ni moi non plus.

PANTALON. — Mais qui l'a apportée ?

SMÉRALDINE. — Arlequin la portait à son maître.

ARLEQUIN. — Et Sméraldine l'a apportée à Arlequin.

SMÉRALDINE, *à mi-voix, à Arlequin.* — Vilain rapporteur, je ne t'aime plus.

PANTALON. — Et c'est toi, gaupe, qui as fait ce joli coup ? Je ne sais ce qui me retient de te calotter.

SMÉRALDINE. — Personne ne m'a jamais calottée, monsieur, et je m'étonne que vous ayez l'audace de...

PANTALON, *avançant vers elle.* — C'est comme ça que tu me réponds ?

SMÉRALDINE. — Oh ! vous ne me rattraperez pas ! Vous êtes trop poussif pour pouvoir me courir après.

Elle s'enfuit en courant.

PANTALON. — Attends un peu, petite malheureuse, tu vas voir si je suis poussif ! Je vais te rattraper et...

Il s'élance en courant à la poursuite de Sméraldine.

ARLEQUIN, *à part.* — Si seulement je savais comment faire pour m'en tirer.

BÉATRICE, *parcourant la lettre.* — Pauvre Clarice, l'injuste jalousie de Silvio la plonge dans le désespoir. Il va falloir que je me démasque, sinon elle ne connaîtra jamais la paix.

ARLEQUIN, *à part.* — J'ai l'impression qu'il ne me voit pas. Je vais tâcher de m'esquiver.

Il tente de s'esquiver sur la pointe des pieds.

BÉATRICE. — Où vas-tu ?

ARLEQUIN, *s'arrêtant.* — Nulle part. Je... faisais un petit tour.

BÉATRICE. — Pourquoi as-tu ouvert cette lettre ?

ARLEQUIN. — C'est Sméraldine qui l'a ouverte. Moi, monsieur, je n'y suis pour rien.

BÉATRICE. — Sméraldine a bon dos ! C'est toi qui l'as ouverte, coquin ! Une plus une, ça fait deux. En une journée, tu as ouvert deux de mes lettres. Viens ici.

ARLEQUIN, *s'approchant avec crainte.* — Par pitié, monsieur.

BÉATRICE. — Viens ici, te dis-je.

ARLEQUIN, *s'approchant en tremblant.* — Par miséricorde, monsieur !

Béatrice prend à Arlequin la batte qu'il a à sa ceinture et, tournant le dos à l'hôtellerie, elle le rosse consciencieusement.

FLORINDO, *apparaissant à l'une des fenêtres de l'hôtellerie.* — Comment ! On bâtonne mon valet ?

Il disparaît de la fenêtre.

ARLEQUIN. — Assez, assez ! Par pitié !

BÉATRICE. — Tiens, coquin ! Ça t'apprendra à ouvrir mes lettres.

Elle jette la batte sur le sol et sort.

ARLEQUIN, *une fois Béatrice disparue.* — Nom d'un petit bonhomme ! Saperlipopette ! Corbleu ! Morbleu ! Ventrebleu ! C'est comme ça qu'on traite un homme de ma sorte ? Battre quelqu'un comme moi ? Les serviteurs, quand ils ne font pas bien leur service, on les chasse mais on ne les bat point !

FLORINDO, *qui est sorti de l'hôtellerie sans être vu d'Arlequin.* — Qu'est-ce que tu marmonnes ?

ARLEQUIN, *voyant Florindo, à part.* — Gare ! (*Criant dans la direction par où est sortie Béatrice :*) On ne bat pas ainsi le serviteur d'autrui ! C'est un affront que vous avez fait à mon maître !

FLORINDO. — Oui, c'est un affront qui m'est fait. Qui est celui qui t'a battu ?

ARLEQUIN. — Je ne sais pas, monsieur. Je ne le connais pas.

FLORINDO. — Pourquoi t'a-t-il battu ?

ARLEQUIN. — Parce que... Parce que j'avais craché sur son soulier.

FLORINDO. — Et tu te laisses battre ainsi ? Sans broncher, sans même essayer de te défendre ? Et tu exposes ton maître à un tel affront, à une telle insulte ? (*Ramassant la batte :*) Espèce d'âne, poltron que tu es ! Puisque tu aimes être battu, je vais te satisfaire, je vais te battre, moi aussi.

Il le roue de coups et puis rentre dans l'hôtellerie.

ARLEQUIN. — A présent, je puis dire que je suis bien le valet de deux maîtres. J'ai eu mon salaire de l'un et de l'autre.

Il entre dans l'hôtellerie.

ACTE III

Tableau 1

Une salle de l'hôtellerie de Brighella. Plusieurs portes.

Arlequin, *seul.* — Je me suis secoué deux ou trois fois et, hop ! je me suis débarrassé comme d'autant de puces du douloureux souvenir de ces coups de bâton. Allons, de toute manière, j'ai bien mangé, bien dîné et, ce soir, je souperai mieux encore : aussi, tant que je le pourrai, je veux continuer de servir mes deux maîtres, tout au moins aussi longtemps que je pourrai toucher deux salaires. Et, maintenant, qu'est-ce que je vais faire ? Mon premier maître n'est pas là et l'autre fait la sieste : je pourrais peut-être aérer un peu leurs habits. Oui, je vais les tirer des malles et regarder s'il ne leur manque rien. J'ai les clés et cette salle est exactement ce qu'il me faut. Je vais y amener les malles et faire les choses dans les règles. Mais j'ai besoin d'aide. (*Appelant :*) Garçon ! Garçon !

Le garçon paraît en compagnie de l'un de ses collègues.

Le Garçon. — Qu'est-ce que vous voulez ?

Arlequin. — Je voudrais que vous me donniez un coup de main pour amener ici deux toutes petites malles : il faut que j'aère un tout petit peu ce qu'il y a dedans.

Le Garçon, *à son collègue.* — Bon, aidez-le.

Arlequin. — Venez, et si je suis content de vous, je partagerai avec vous le pourboire que viennent de me donner mes maîtres.

Il entre dans l'une des chambres avec le second garçon.

Le Garçon. — Ça m'a l'air vraiment d'un bon serviteur. Il est vif, rapide, diligent, mais il doit tout de même avoir quelques petits défauts. Moi aussi, j'ai été en service et je connais la question. Dans ce métier, tout ce qu'on fait, c'est soit pour plumer son maître, soit pour gagner sa confiance.

ARLEQUIN, *sortant de la chambre avec le second garçon.* — Doucement ! Mettons-la ici. (*Ils posent la malle qu'ils portent au milieu de la salle.*) Et, maintenant, allons chercher l'autre. Mais pas de bruit, hein : mon maître fait la sieste.

Il entre avec le second garçon dans la chambre de Florindo.

LE GARÇON. — Ce garçon est soit une perle soit une fripouille : je n'ai jamais vu servir deux personnes avec autant de ponctualité. Cela dit, je vais tout de même ouvrir l'œil : je ne voudrais pas qu'un beau matin, sous prétexte de servir deux maîtres, il les dépouille l'un et l'autre.

ARLEQUIN, *sortant de la chambre de Florindo avec le second garçon.* — Et celle-ci, mettons-la ici. (*Ils posent la malle de Florindo à quelque distance de celle de Béatrice.*) A présent, si vous voulez vous en aller, vous le pouvez, je n'ai plus besoin de vous.

LE GARÇON, *au second garçon.* — Bon, retournez à la cuisine. (*Le second garçon s'en va. A Arlequin :*) C'est tout ce qu'il vous faut ?

ARLEQUIN. — Oui. Et vous pouvez disparaître, vous aussi ! Je suis assez grand garçon pour faire tout seul ce que j'ai à faire.

LE GARÇON. — Tu es même un grand homme ! Si tu continues, tu auras toute mon estime !

Il sort.

ARLEQUIN. — A présent, je vais pouvoir faire les choses tranquillement, à tête reposée et sans être dérangé. (*Il tire une clé de sa poche.*) Cette clé-là, c'est laquelle ? Celle de cette malle-ci ou celle de cette malle-là ? Essayons. (*Il ouvre une malle.*) J'ai tout de suite deviné. Vraiment, je suis le plus grand homme du monde. (*Il tire de sa poche une autre clé.*) Et celle-ci doit donc ouvrir l'autre. (*Il ouvre l'autre malle.*) Les voici ouvertes toutes les deux. Sortons tout ! (*Il tire des habits de chacune des deux malles et les pose sur un guéridon. Il en tire également des livres, des papiers et d'autres objets ad libitum. N.B. : Dans chacune des malles, il devra y avoir entre autres un habit noir.*) Tout d'abord, voyons un peu s'il n'y aurait pas quelque chose dans les poches. Parfois, on y oublie des craquelins ou des dragées. (*Il fouille les poches de l'habit noir de Béatrice et y trouve un portrait.*) Oh ! le joli portrait ! Quel bel homme ! Qui ça peut-il bien être ? J'ai comme une idée que j'ai déjà vu cette tête-là, mais où et quand ? Ça !... Il ressemble un tantinet à mon autre maître. Mais non ! Mon autre maître n'a ni cet habit, ni cette perruque.

FLORINDO, *appelant de sa chambre.* — Arlequin !

ARLEQUIN. — Oh, maudit soit-il, celui-là ! Il s'est réveillé. Si le diable veut qu'il mette le nez dehors et qu'il voie cette autre malle, il voudra savoir... Vite, vite, je m'en vais la refermer, et je dirai que je ne sais pas à qui elle est.

Il met le portrait dans la poche de l'un des habits noirs.

FLORINDO, *de sa chambre.* — Arlequin !

ARLEQUIN, *criant.* — J'arrive ! (*A part :*) Rangeons tout ! Bon sang ! je ne me rappelle plus où va cet habit. Et ces papiers, je ne me rappelle plus où ils étaient.

FLORINDO, *de sa chambre.* — Est-ce qu'il va falloir que je vienne te chercher avec un bâton ?

ARLEQUIN, *criant.* — J'accours. (*A part :*) Vite, avant qu'il me tombe sur le dos. Quand il sortira, je remettrai tout en place.

Il achève de remettre les objets au hasard dans les deux malles et puis referme celles-ci.

FLORINDO, *sortant de sa chambre en robe de chambre.* — Que diable fabriques-tu ?

ARLEQUIN. — Monsieur, ne m'aviez-vous pas dit de nettoyer vos habits ? J'étais en train de vous obéir.

FLORINDO. — Et cette autre malle, à qui est-elle ?

ARLEQUIN. — Je n'en sais rien ; à un autre voyageur sans doute.

FLORINDO. — Donne-moi mon habit noir.

ARLEQUIN. — Tout de suite.

Il ouvre la malle de Florindo et lui donne son habit noir. Florindo, aidé d'Arlequin, se débarrasse de sa robe de chambre et met son habit noir. Après quoi, mettant les mains dans ses poches, il trouve le portrait.

FLORINDO, *s'étonnant de trouver le portrait.* — Qu'est-ce que c'est que ça ?

ARLEQUIN, *à part.* — Sapristi ! Je me suis trompé. Au lieu de le mettre dans la poche de l'habit de l'autre, je l'ai mis dans la sienne. C'est la couleur qui m'a trompé !

FLORINDO, *à part.* — Oh ! ciel ! Je ne rêve pas. C'est

là mon portrait, le portrait que j'ai donné moi-même à ma chère Béatrice. (*A Arlequin :*) Peux-tu me dire comment ce portrait se trouve dans la poche de mon habit ?

ARLEQUIN, *à part.* — Cette fois-ci, je ne sais pas comment je vais m'en sortir. Il me faudrait un coup de génie.

FLORINDO. — Alors, vas-tu répondre ? Comment ce portrait se trouve-t-il dans ma poche ?

ARLEQUIN. — Cher monsieur mon maître, excusez, je vous en prie, la liberté que j'ai prise. Ce portrait est à moi. Craignant de le perdre, je l'avais caché dans votre poche. Pour l'amour du ciel, pardonnez-moi.

FLORINDO. — D'où tiens-tu ce portrait ?

ARLEQUIN. — Je l'ai hérité de mon maître.

FLORINDO. — Hérité ?

ARLEQUIN. — Oui, monsieur, j'avais un maître qui est mort, il m'a légué quelques bagatelles que j'ai vendues, mais j'ai gardé ce portrait.

FLORINDO. — Que me dis-tu là ! Et il y a combien de temps qu'il est mort, ton ancien maître ?

ARLEQUIN. — Ça doit faire une semaine. (*A part :*) Je dis la première chose qui me vient à l'esprit.

FLORINDO. — Comment s'appelait-il ?

ARLEQUIN. — Je l'ignore, monsieur : il vivait incognito.

FLORINDO. — Incognito ? Pendant combien de temps as-tu été à son service ?

ARLEQUIN. — Oh ! pas longtemps : dix ou douze jours.

FLORINDO, *à part.* — Ciel ! Je tremble de plus en plus à l'idée que ce pourrait être Béatrice. Il lui arrivait souvent de s'habiller en garçon... Elle voyageait incognito... Oh ! si c'est elle qui est morte, je ne veux plus vivre !

ARLEQUIN, *à part.* — Puisqu'il croit tout, je vais lui en raconter de belles.

FLORINDO, *très ému.* — Dis-moi, il était jeune, ton maître ?

ARLEQUIN. — Oui, monsieur, tout jeune.

FLORINDO. — Imberbe ?

ARLEQUIN. — Rigoureusement.

FLORINDO, *à part, soupirant.* — Il n'y a plus de doute, c'était elle.

ARLEQUIN, *à part.* — J'espère m'en tirer sans coups de bâton !

FLORINDO. — Sais-tu au moins d'où était ton défunt maître ?

ARLEQUIN. — Je le savais mais je ne m'en souviens plus.

FLORINDO. — Est-ce qu'il n'était pas de Turin ?

ARLEQUIN. — Si, si, il était de Turin.

FLORINDO, *à part.* — Chacune de ses paroles m'est un coup de poignard. (*A Arlequin :*) Mais dis-moi : il est vraiment mort, ce jeune Turinois ?

ARLEQUIN. — Bien sûr qu'il est mort.

FLORINDO. — De quoi est-il mort ?

ARLEQUIN. — Il lui est arrivé un accident et il est défunté. (*A part :*) S'il n'est pas content, cette fois-ci !

FLORINDO. — Où est-il enterré ?

ARLEQUIN, *à part.* — Il lui en faut des détails ! (*A Florindo :*) On ne l'a pas enterré, monsieur. Un autre de ses serviteurs, son compatriote, a obtenu la permission de le mettre dans un cercueil et l'a expédié à Turin.

FLORINDO. — Ce serviteur ne serait-il pas celui-là même qui, ce matin, t'a demandé de passer à la Poste pour lui ?

ARLEQUIN. — Oui, oui, monsieur, Pasquale en personne.

FLORINDO, *à part.* — Il n'y a plus d'espoir. Béatrice est morte. Infortunée Béatrice ! Les fatigues du voyage, le chagrin, l'auront tuée ! Ah ! ma douleur est trop grande : j'ai bien peur de...

Il rentre dans sa chambre.

ARLEQUIN, *seul.* — Je n'y comprends goutte ! Il geint, il pleure, il se désespère. Je ne voudrais pas qu'à cause de ma petite histoire, il tombe dans l'hypocondrie. Moi, si j'ai dit ça, c'était pour éviter d'être gratifié de coups de bâton et pour qu'il ne pose pas trop de questions à propos des deux malles. Toujours est-il que la vue de ce portrait lui a tourné les sangs. Il devait connaître celui qui a posé pour lui. Allons, il vaut mieux que je remette chacune de ces malles à sa place, sinon je risque d'avoir de nouveaux ennuis. (*Apercevant Béatrice qui arrive avec Pantalon :*) Voilà mon autre maître ! Cette fois-ci, je le crains, c'est moi qui vais être servi !

Il se caresse les épaules.

BÉATRICE, *entrant.* — Croyez-moi, monsieur Pantalon, la dernière livraison de miroirs et de bougies a été comptée deux fois.

PANTALON. — Il est très possible que mes commis se soient trompés. Je vais dire à mon comptable de vérifier sur mes livres et nous tirerons la chose au clair.

BÉATRICE. — J'ai fait faire un relevé de vos expéditions. Nous allons le consulter. Il se peut également que ce soit moi qui me trompe. Arlequin ?

ARLEQUIN. — Monsieur ?

BÉATRICE. — Tu as la clé de ma malle ?

ARLEQUIN. — Oui, monsieur. La voici.

BÉATRICE. — Pourquoi as-tu apporté ma malle ici ?

ARLEQUIN. — Pour aérer un peu vos habits.

BÉATRICE. — C'est fait ?

ARLEQUIN. — C'est fait.

BÉATRICE. — Ouvre ma malle et donne-moi... A qui est cette autre malle ?

ARLEQUIN. — A un voyageur qui vient d'arriver.

BÉATRICE. — Donne-moi le portefeuille en cuir qui est dans ma malle.

ARLEQUIN. — Tout de suite, monsieur. (*A part :*) Que le Ciel me protège !

Il ouvre la malle et y cherche le portefeuille.

PANTALON. — Il se peut, comme je vous le dis, que mes commis se soient trompés. Dans ce cas, erreur ne fait pas compte.

BÉATRICE. — Il se peut aussi, je vous le répète, que ce soit vous qui ayez raison. Nous allons le savoir sur-le-champ.

ARLEQUIN, *présentant un portefeuille à Béatrice.* — C'est ça ?

BÉATRICE, *prenant le portefeuille sans le regarder.* — Oui. (*L'ouvrant :*) Non, ce n'est pas ça !... A qui est ce portefeuille ?

ARLEQUIN, *à part.* — Ça recommence !

BÉATRICE, *à part.* — Deux des lettres que j'ai écrites à Florindo ? Ciel ! Et ces mémoires, ces comptes sont à lui. Je suis en eau, je tremble, je ne sais plus dans quel monde je vis.

PANTALON. — Qu'avez-vous, monsieur Federigo ? Vous ne vous sentez pas bien ?

BÉATRICE. — Non, non, ce n'est rien. (*A mi-voix, à Arlequin* :) Arlequin, comment ce portefeuille qui n'est pas à moi se trouve-t-il dans ma malle ?

ARLEQUIN. — Je serais bien incapable de vous le dire.

BÉATRICE. — Allons, ne te trouble pas et dis-moi la vérité.

ARLEQUIN. — Ah ! monsieur, je vous demande de me pardonner l'audace que j'ai eue de mettre ce portefeuille dans votre malle ! Il m'appartient, et, pour ne pas l'égarer, je l'ai mis avec vos affaires. (*A part* :) Ça a marché avec l'autre, ça marchera peut-être avec celui-ci.

BÉATRICE. — Ce portefeuille est à toi, et tu ne le reconnais pas et tu me le donnes à la place du mien ?

ARLEQUIN, *à part.* — Oh ! celui-ci est plus malin que l'autre. (*A Béatrice* :) Je vais vous dire : il n'y a pas longtemps qu'il est à moi, c'est pourquoi je me suis trompé.

BÉATRICE. — Et d'où tiens-tu ce portefeuille ?

ARLEQUIN. — Un maître au service de qui j'étais à Venise, et qui est mort, me l'a laissé en héritage.

BÉATRICE. — Il y a combien de temps de cela ?

ARLEQUIN. — Est-ce que je sais, moi ? Dix ou douze jours.

BÉATRICE. — Comment se fait-il alors que je t'aie trouvé à Vérone ?

ARLEQUIN. — J'arrivais tout juste de Venise, après la mort de mon maître.

BÉATRICE, *à part.* — C'est affreux ! (*A Arlequin* :) Est-ce que ton maître ne s'appelait pas Florindo ?

ARLEQUIN. — Oui, monsieur, Florindo.

BÉATRICE. — Aretusi ?

ARLEQUIN. — C'est ça, c'est bien ça : Aretusi !

BÉATRICE. — Et tu es sûr qu'il est mort ?

ARLEQUIN. — Mort, archi-mort !

BÉATRICE. — De quoi est-il mort ? Où est-il enterré ?

ARLEQUIN. — Il est tombé dans le canal, il s'est noyé et on l'a complètement perdu de vue.

BÉATRICE. — Pauvre de moi ! Florindo est mort, mon amour, mon unique espoir est mort ! A quoi bon vivre maintenant, puisqu'est mort celui pour qui je vivais ? Oh ! vains rêves ! Oh ! peines gaspillées inutilement ! Malheureux stratagèmes d'amour ! J'abandonne ma patrie ; j'abandonne ma famille ; je revêts des habits masculins, je m'expose à mille dangers, je risque ma vie-même, je fais tout cela pour Florindo, et Florindo est mort. Infortunée Béatrice ! Il ne suffisait donc pas que tu perdes un frère, fallait-il encore que tu perdes ton amant ? Le ciel a voulu que la mort de Florindo suive celle de Federigo. Mais puisque j'ai été la cause de leur mort à l'un et à l'autre, puisque j'en suis coupable, pourquoi le ciel ne s'arme-t-il pas contre moi pour les venger ? Les larmes sont vaines et vains les regrets ! Florindo est mort ! Ah ! la douleur m'écrase. Mes yeux se voilent ! Mon bien-aimé, idole de mon cœur, je ne serai pas longue à te rejoindre.

Folle de douleur, elle se précipite dans sa chambre.

PANTALON, *qui a écouté avec stupéfaction le monologue de Béatrice.* — Arlequin !

ARLEQUIN. — Monsieur Pantalon !

PANTALON. — Monsieur Federigo était une dame !

ARLEQUIN. — Monsieur Federigo était une femme !

PANTALON. — Oh ! quelle affaire !

ARLEQUIN. — Oh ! quelle histoire !

PANTALON. — Je suis ahuri !

ARLEQUIN. — Je suis ébaubi !

PANTALON. — Il faut que j'aille raconter ça à ma fille.

Il sort.

ARLEQUIN. — Je ne suis plus le valet de deux maîtres, je suis le valet d'un maître et d'une maîtresse.

Il sort.

TABLEAU 2

La rue devant l'hôtellerie de Brighella.

LE DOCTEUR, *entrant.* — Je ne parviens pas à digérer l'injure que m'a faite ce vieux gâteux de Pantalon. Plus j'y pense, plus ça me remue la bile.

PANTALON, *sortant de l'hôtellerie, gaiement.* — Mon cher docteur, je vous salue.

LE DOCTEUR. — Je m'étonne que vous ayez l'audace de m'adresser la parole.

PANTALON. — C'est que j'ai une de ces nouvelles à vous apprendre. Sachez que...

LE DOCTEUR, *l'interrompant.* — Vous voulez sans doute me dire que le mariage est chose faite ? Je m'en soucie comme d'une guigne.

PANTALON. — Mais non ! Laissez-moi parler, bon sang !

LE DOCTEUR. — Parlez, et que la peste vous crève !

PANTALON, *à part.* — J'aurais bonne envie de lui donner quelques coups de poings pour lui apprendre à vivre. (*Au Docteur :*) Si vous le voulez, ma fille sera l'épouse de votre fils.

LE DOCTEUR. — Très obligé, mais ne vous dérangez pas. Mon fils a l'estomac trop délicat : il ne supporte pas les restes. Donnez-la à ce monsieur de Turin.

PANTALON. — Si vous saviez qui est ce Turinois, vous ne diriez pas ça.

LE DOCTEUR. — Qu'il soit ce qu'il voudra. Votre fille a été vue avec lui, *et hoc sufficit.*

PANTALON. — Mais puisque ce n'est pas un...

LE DOCTEUR, *l'interrompant très vivement.* — Je refuse d'en entendre davantage.

PANTALON. — Si vous ne voulez pas m'écouter, tant pis pour vous !

LE DOCTEUR. — Nous verrons bien pour qui ce sera tant pis !

PANTALON. — Ma fille est une jeune personne honorable, et monsieur Federigo...

LE DOCTEUR, *le coupant.* — Le diable vous emporte !

PANTALON. — Et vous, qu'il vous tire par les pieds !

LE DOCTEUR, *sortant.* — Vieillard sans parole et sans honneur !

PANTALON. — Puisses-tu être maudit ! Ce n'est pas un homme, c'est une vraie bourrique ! Est-ce qu'il m'a laissé le temps de lui dire que monsieur Federigo était une femme ? Mais non, pas moyen de placer un mot ! Et maintenant, voici son gringalet de fils ! Je m'attends à de nouvelles insolences.

SILVIO, *entrant, à part.* — Voici Pantalon. J'ai bonne envie de lui enfoncer mon épée dans le corps.

Pantalon. — Monsieur Silvio, avec votre permission, j'aurais une bonne nouvelle à vous apprendre, à la condition évidemment que vous daigniez me laisser parler et que vous ne soyez pas un moulin à paroles comme monsieur votre père.

Silvio. — Qu'avez-vous à me dire ? Je vous écoute.

Pantalon. — Apprenez que le mariage de ma fille avec monsieur Federigo est tombé à l'eau.

Silvio. — C'est vrai ? Vous ne me mentez pas ?

Pantalon. — Je vous dis la vérité, et si vous êtes toujours dans les mêmes dispositions, ma fille est prête à vous accorder sa main.

Silvio. — Ah ! Vous me rendez la vie !

Pantalon, *à part.* — Allons, allons, il est moins bourrique que son père.

Silvio, *à part.* — Mais non ! c'est impossible ! Comment pourrais-je serrer sur mon sein une femme qui s'est longuement entretenue avec un autre ?

Pantalon. — En deux mots, voici la chose : Federigo Rasponi est devenu Béatrice sa sœur.

Silvio. — Qu'est-ce que vous dites ? Je ne comprends pas.

Pantalon. — Vous avez la comprenotte bien dure. Celui qu'on croyait être Federigo, s'est révélé être Béatrice.

Silvio. — Habillée en homme ?

Pantalon. — Habillée en homme.

Silvio. — A présent, je comprends.

Pantalon. — Ce n'est pas trop tôt.

Silvio. — Comment cela s'est-il passé ? Racontez-moi.

Pantalon. — Allons chez moi. Ma fille ne sait rien encore. Je vous raconterai la chose à tous les deux, et, comme ça, je ferai d'une pierre deux coups.

Silvio. — Je vous suis, et je vous demande humblement pardon si, transporté par la passion...

Pantalon. — N'en parlons plus ; vous êtes tout excusé. Moi aussi, j'ai su ce que c'était que l'amour. Venez, mon cher, venez.

Il sort.

Silvio. — Est-il au monde quelqu'un de plus heureux que moi ? Existe-t-il bonheur plus grand que le mien ?

Il sort à la suite de Pantalon.

Tableau 3

Une salle de l'hôtellerie de Brighella. Plusieurs portes.

Béatrice et Florindo sortent, l'un et l'autre, de leurs chambres respectives, un poignard à la main, avec l'intention de se tuer. Retenus, l'une par Brighella, l'autre par le garçon, ils s'avancent de manière à ne pas pouvoir se voir l'un l'autre.

BRIGHELLA, *saisissant la main de Béatrice.* — Non ! non !

BÉATRICE, *essayant de se libérer de Brighella.* — Laissez-moi, je vous en supplie !

LE GARÇON, *retenant Florindo.* — Ne faites pas ça ! Vous le regretteriez !

FLORINDO, *se dégageant.* — Allez au diable !

BÉATRICE, *s'éloignant de Brighella.* — Vous ne m'empêcherez pas de me tuer !

Béatrice et Florindo s'avancent, décidés à se poignarder, mais se voyant et se reconnaissant, ils demeurent interdits.

FLORINDO. — Que vois-je !

BÉATRICE. — Florindo !

FLORINDO. — Béatrice !

BÉATRICE. — Vous êtes vivant ?

FLORINDO. — Vous n'êtes pas morte ?

BÉATRICE. — Oh ! joie !

FLORINDO. — Oh ! bonheur !

Ils laissent tomber leurs poignards et s'étreignent.

BRIGHELLA, *au garçon, sur le ton de la plaisanterie.* — Je crois que la saignée est inutile : les malades sont guéris.

Il sort.

LE GARÇON, *à part.* — Je vais ranger ces couteaux et ils pourront toujours me les réclamer !

Il ramasse les poignards et sort.

FLORINDO. — Qu'est-ce donc qui vous avait réduite à un tel désespoir ?

BÉATRICE. — La fausse nouvelle de votre mort.

FLORINDO. — Qui vous a fait croire que j'étais mort ?

BÉATRICE. — Mon valet.

FLORINDO. — Le mien m'a également fait croire que vous n'étiez plus, et transporté par une semblable douleur, je voulais m'ôter la vie.

BÉATRICE. — Si je l'ai cru, c'est à cause de ce portefeuille.

FLORINDO. — Ce portefeuille était dans ma malle. Comment se trouve-t-il entre vos mains ? Ah, je sais, il a dû finir dans votre malle, comme mon portrait, que je vous avais donné à Turin, a fini dans la poche de mon habit.

BÉATRICE. — Dieu sait ce qu'ont pu trafiquer nos coquins de valets ! Ils sont cause de notre douleur et de notre désespoir.

FLORINDO. — Le mien m'a raconté mille fables sur votre compte.

BÉATRICE. — Le mien m'en a raconté tout autant sur le vôtre.

FLORINDO. — Où sont-ils, ces canailles ?

BÉATRICE. — Ils ont disparu.

FLORINDO. — Trouvons-les et confrontons-les. (*Appelant :*) Holà ! quelqu'un !

BRIGHELLA, *paraissant* — Monsieur désire ?

FLORINDO. — Où sont nos valets ?

BRIGHELLA. — Je l'ignore, monsieur, mais on peut aller les chercher.

FLORINDO. — Tâchez de les trouver et envoyez-les nous ici.

BRIGHELLA. — Personnellement, je n'en connais qu'un, mais je vais en parler à mes garçons : eux, ils doivent les connaître tous les deux. Je me réjouis avec vous que votre mort se soit terminée aussi agréablement, mais si d'aventure, vous teniez encore à vous faire enterrer, je vous serais reconnaissant d'aller ailleurs : ici, vous seriez tout le temps dérangés. Votre serviteur !

Il sort.

FLORINDO. — Vous logez donc dans cette hôtellerie ?

BÉATRICE. — Depuis ce matin.

FLORINDO. — Et moi aussi ! Comment avons-nous pu ne pas nous rencontrer ?

BÉATRICE. — Le destin a voulu nous tourmenter un peu.

FLORINDO. — Dites-moi : Federigo, votre frère, est-il mort ?

BÉATRICE. — Il est mort sur le coup, vous le savez bien.

FLORINDO. — Et pourtant, on m'a fait croire qu'il était vivant et à Venise.

BÉATRICE. — Ceux qui vous l'ont fait croire sont probablement ceux qui jusqu'à présent m'ont prise pour Federigo. Si je suis partie de Turin avec ces habits et sous ce nom, c'était pour...

FLORINDO. — Oui, je le sais, c'était pour aller à ma recherche. Une lettre que vous a écrite votre intendant me l'a appris.

BÉATRICE. — Comment cette lettre est-elle parvenue entre vos mains ?

FLORINDO. — Un valet qui, je crois, est le vôtre, avait demandé au mien de passer à la Poste pour lui. J'ai vu cette lettre et, constatant qu'elle vous était adressée, je n'ai pu m'empêcher de l'ouvrir.

BÉATRICE. — Indiscrétion très justifiée de la part d'un amant !

FLORINDO. — Que va-t-on dire à Turin de votre équipée ?

BÉATRICE. — Mon prochain retour à votre bras mettra un terme à tous les cancans.

FLORINDO. — Comment pourrais-je espérer rentrer à Turin avant très longtemps, puisque c'est moi que l'on accuse de la mort de votre frère ?

BÉATRICE. — Mais puisque ce n'est pas vous qui l'avez tué ? Et, de toute manière, les capitaux que je vais rapporter de Venise, aideront à faire éclater votre innocence.

FLORINDO. — Que fabriquent donc nos valets ?

BÉATRICE. — Je me demande ce qui a bien pu les inciter à nous mentir aussi cruellement ?

FLORINDO. — Pour le savoir, il vaut mieux ne pas commencer par montrer les dents. Prenons-les d'abord par la douceur.

BÉATRICE. — Je vais m'efforcer de dissimuler.

FLORINDO, *voyant arriver Arlequin.* — En voici déjà un.

BÉATRICE. — J'ai l'impression que c'est le plus fripon des deux.

FLORINDO. — Je crois que vous n'avez pas tort.

Arlequin entre, amené de force par Brighella et par le garçon.

FLORINDO. — Viens, viens, n'aie pas peur.

BÉATRICE. — Nous ne te ferons aucun mal.

ARLEQUIN, *à part.* — Eh ! mes côtes n'ont pas encore oublié leurs coups de bâton !

BRIGHELLA. — Nous avons déjà trouvé celui-ci. Dès qu'on trouvera l'autre, nous vous l'amènerons.

FLORINDO. — Oui, il est indispensable que nous les voyions tous les deux à la fois.

BRIGHELLA, *à mi-voix, au garçon.* — Vous le connaissez, l'autre ?

LE GARÇON, *même jeu, à Brighella.* — Non.

BRIGHELLA, *même jeu, au garçon.* — Nous allons demander à la cuisine. Quelqu'un doit bien le connaître tout de même.

Il sort.

LE GARÇON, *à part.* — S'il y en avait un autre, moi, je devrais le connaître, non ?

Il sort.

FLORINDO. — Allons, raconte-nous un peu comment s'est passée cette histoire de portrait et de portefeuille et pourquoi cet autre coquin et toi-même vous vous êtes unis pour nous plonger dans le désespoir ?

ARLEQUIN, *un doigt sur la bouche, leur fait signe de se taire.* — Chut ! (*A Florindo, tout en l'éloignant de Béatrice :*) S'il vous plaît, permettez-moi de vous dire un mot en particulier. (*A mi-voix, à Béatrice, au moment de s'écarter pour parler à Florindo :*) Dans un instant, je vous raconterai tout. (*A mi-voix, à Florindo :*) Sachez, monsieur, que, moi, je ne suis pour rien dans tous ces trafics : c'est Pasquale qui est cause de tout, Pasquale, le valet de cette dame qui est là-bas. (*Il montre discrètement Béatrice.*) C'est lui qui a mélangé toutes les affaires et qui, sans que je m'en aperçoive, a mis dans une malle ce qui allait dans l'autre. Le pauvre diable m'a supplié de n'en rien dire, afin que son maître — ou, plutôt, sa maîtresse — ne le chasse pas, et moi, comme j'ai bon cœur et que je me ferais écorcher pour mes amis, j'ai trouvé toutes ces belles inventions pour tâcher d'arranger les choses. Jamais je n'aurais pensé que ce portrait pouvait être le vôtre et que ça vous ferait tant de peine que la personne à qui il appartenait soit morte. Voilà toute l'histoire, monsieur, et c'est la vérité vraie, vous pouvez en croire l'homme sincère et le serviteur fidèle que je suis.

BÉATRICE, *à part.* — Arlequin n'en finit pas. Je voudrais bien savoir ce qu'il raconte à Florindo.

FLORINDO, *à mi-voix, à Arlequin.* — Celui qui t'a envoyé à la Poste chercher la lettre en question, c'était donc le valet de madame Béatrice ?

ARLEQUIN, *même jeu, à Florindo.* — Oui monsieur, c'était Pasquale.

FLORINDO, *même jeu, à Arlequin.* — Mais pourquoi m'avoir caché une chose que je te demandais de me dire avec tant d'insistance ?

ARLEQUIN, *même jeu.* — Il m'avait supplié de vous la taire.

FLORINDO, *même jeu.* — Qui ça ?

ARLEQUIN, *même jeu.* — Pasquale.

FLORINDO, *même jeu.* — Je suis ton maître : tu aurais dû m'obéir !

ARLEQUIN, *même jeu, contrit.* — Ah ! je le sais bien !

FLORINDO, *même jeu.* — Alors, pourquoi ne l'as-tu pas fait ?

ARLEQUIN, *même jeu.* — Par affection pour Pasquale.

FLORINDO, *même jeu.* — Pasquale et toi, vous mériteriez chacun une bonne rossée.

ARLEQUIN, *à part.* — D'ici que j'écope aussi pour ce maudit Pasquale !

BÉATRICE. — Il n'est pas encore fini, ce conciliabule ?

FLORINDO. — Il est en train de me raconter...

ARLEQUIN, *l'interrompant, à mi-voix.* — Pour l'amour du ciel, monsieur mon maître, ne dénoncez pas Pasquale. Dites plutôt que c'est moi le coupable, et même, rossez-moi si vous voulez, mais ne perdez pas Pasquale !

FLORINDO, *à mi-voix, à Arlequin.* — Tu l'aimes donc tant, ton ami Pasquale ?

ARLEQUIN, *même jeu.* — Monsieur, je l'aime comme si c'était mon frère. Et, maintenant, je m'en vais aller dire à cette dame que c'est moi le fautif : je préfère qu'elle me gronde, qu'elle me roue de coups, et que Pasquale s'en tire.

Il s'éloigne de Florindo.

FLORINDO, *à part.* — Ce garçon est vraiment d'un naturel très affectueux.

ARLEQUIN, *s'approchant de Béatrice.* — Me voici, madame mon maître.

BÉATRICE, *à mi-voix, à Arlequin.* — Qu'est-ce que tu as raconté à monsieur Florindo pendant tout ce temps ?

ARLEQUIN, *à mi-voix, à Béatrice.* — Sachez, madame mon maître, que ce monsieur a un valet nommé Pasquale qui est bien la plus grande fripouille du monde : c'est lui qui a fait tout ce micmac avec vos affaires, et comme le pauvre garçon avait peur d'être chassé par son maître, moi, pour l'excuser, j'ai inventé l'histoire du portefeuille, de mon maître qui était mort, qui s'était noyé et tout ce qui s'ensuit. Et je viens de dire également à monsieur Florindo que c'était moi qui étais cause de tout.

BÉATRICE, *à mi-voix, à Arlequin.* — Pourquoi t'accuser d'une faute que tu prétends ne pas avoir commise ?

ARLEQUIN, *même jeu.* — J'ai fait ça par affection pour Pasquale.

FLORINDO, *à part.* — La chose traîne un peu en longueur.

ARLEQUIN, *à mi-voix, à Béatrice.* — Je vous en supplie, madame mon maître, ne le perdez pas !

BÉATRICE, *même jeu.* — Qui ça ?

ARLEQUIN, *même jeu.* — Pasquale.

BÉATRICE, *même jeu.* — Pasquale et toi, vous êtes deux coquins.

ARLEQUIN, *à part.* — Ce qui signifie en somme que, moi, je serais un double coquin !

FLORINDO, *à Béatrice.* — Je crois que nous en savons assez, madame, nos serviteurs n'ont pas agi par malice : certes, ils mériteraient d'être corrigés, mais, pour fêter nos retrouvailles, on peut leur pardonner leur faute.

BÉATRICE. — J'en conviens, mais votre valet...

ARLEQUIN, *à mi-voix, à Béatrice.* — Pour l'amour du ciel, ne nommez pas Pasquale.

BÉATRICE, *à Florindo.* — Maintenant, il faudrait que j'aille chez monsieur Pantalon dei Bisognosi : voulez-vous venir avec moi ?

FLORINDO. — Je ne demanderais pas mieux, mais j'attends mon banquier. Si vous le permettez, je vous rejoindrai plus tard.

BÉATRICE. — Entendu ! Venez me rejoindre chez monsieur Pantalon.

FLORINDO. — J'ignore où il habite.

ARLEQUIN. — Moi, je le sais, monsieur, je vous y conduirai.

BÉATRICE, *à Florindo.* — Je vous laisse : je vais achever de m'habiller.

ARLEQUIN, *à mi-voix, à Béatrice.* — Je viens tout de suite.

BÉATRICE. — Cher Florindo, que de larmes j'ai versées à cause de vous !

Elle entre dans sa chambre.

FLORINDO, *à Béatrice.* — Et moi, ce que j'ai souffert n'a d'égal que le bonheur de vous avoir retrouvée !

ARLEQUIN. — Dites, monsieur mon maître, comme Pasquale n'est pas là, madame Béatrice n'a personne pour l'aider à s'habiller : vous permettez que je le remplace ?

FLORINDO. — Mais oui, voyons : mets-toi à la disposition de madame Béatrice et sers-la avec zèle, je t'en serai reconnaissant.

ARLEQUIN, *à part.* — Pour ce qui est de la présence d'esprit, du bagoût et de l'ingéniosité, j'en remontrerais à tous les avocats du monde !

Il entre chez Béatrice.

FLORINDO, *seul.* — Que d'événements en une journée ! Des pleurs, des lamentations, du désespoir, et, pour finir, le bonheur et la joie. Passer des larmes au rire, le changement est bien doux et vous fait oublier vos peines, mais, quand du plaisir on passe à la douleur, il est terrible.

BÉATRICE, *sortant de sa chambre avec Arlequin.* — Voilà, je suis prête.

FLORINDO. — Quand quitterez-vous cet habit ?

BÉATRICE. — Ne suis-je pas bien ainsi ?

FLORINDO. — Il me tarde de vous revoir vêtue d'une jupe et d'un corsage. Ce costume me dérobe trop de vos beautés.

BÉATRICE. — Allons, je vous attends chez monsieur Pantalon. Arlequin vous y conduira.

FLORINDO. — J'attends encore un peu, et si mon banquier tarde trop, tant pis pour lui, il en sera quitte pour revenir.

BÉATRICE. — Votre promptitude à me rejoindre me sera une preuve supplémentaire de votre amour.

Elle se prépare à sortir.

ARLEQUIN, *à mi-voix, à Béatrice, lui montrant Florindo.* — Vous voulez que je reste avec Monsieur ?

BÉATRICE, *même jeu, à Arlequin.* — Oui, et tu l'accompagneras chez monsieur Pantalon.

ARLEQUIN, *même jeu.* — Et puis, comme Pasquale n'est toujours pas là, je pourrai peut-être lui rendre quelques menus services.

BÉATRICE. — Sers-le avec zèle, tu me feras plaisir. (*A part :*) Je l'aime plus que moi-même.

Elle sort.

ARLEQUIN. — Ah ! celui-là ! Son maître s'habille, son maître sort, et il est introuvable !

FLORINDO. — De qui parles-tu ?

ARLEQUIN. —De Pasquale. Je l'aime bien, c'est mon ami, mais c'est un paresseux. Moi, je suis un valet qui en vaut deux.

FLORINDO. — En attendant qu'arrive ce banquier, viens m'habiller.

ARLEQUIN. — Monsieur mon maître, si je ne me trompe, Votre Seigneurie doit aller chez monsieur Pantalon ?

FLORINDO. — Oui, et alors ?

ARLEQUIN. — Je voudrais vous demander une faveur.

FLORINDO. — Ah oui ? Tu la mérites vraiment pour ta bonne conduite !

ARLEQUIN. — Vous savez bien que tout ce qui est arrivé, c'est la faute de Pasquale !

FLORINDO. — Mais, au fait, où est-il, ce maudit Pasquale ? Il n'y a pas moyen de le voir ?

ARLEQUIN. — Il finira bien par se montrer, ce coquin ! Toujours est-il, monsieur mon maître, que je voudrais vous demander cette faveur.

FLORINDO. — Quelle faveur ?

ARLEQUIN. — Moi aussi, pauvre de moi, je suis amoureux.

FLORINDO. — Tu es amoureux ?

ARLEQUIN. — Oui, monsieur, et mon amoureuse, c'est la servante de monsieur Pantalon ; et je voudrais que Votre Seigneurie ait l'extrême bonté...

FLORINDO. — Qu'ai-je à voir là-dedans, moi ?

ARLEQUIN. — Oh ! je ne dis pas que vous ayez quelque chose à y voir, mais, comme je suis votre valet, je voudrais que vous disiez un mot pour moi à monsieur Pantalon.

FLORINDO. — Il faudrait savoir si la servante de monsieur Pantalon veut de toi.

ARLEQUIN. — Si elle veut de moi ? Je pense bien ! Il suffit d'un mot à monsieur Pantalon : rendez-moi ce service, je vous en supplie.

FLORINDO. — Entendu ! Mais, si tu prends femme, comment feras-tu bouillir la marmite ?

ARLEQUIN. — Je me débrouillerai, et puis je compte sur Pasquale pour m'aider.

FLORINDO. — Tu ferais mieux de compter un peu plus sur ta propre cervelle.

Il entre dans sa chambre.

ARLEQUIN, *à part.* — J'ai l'impression que jusqu'à présent, elle a plutôt fait son devoir, ma cervelle : pas de raison qu'elle ne continue pas !

Il entre dans la chambre, à la suite de Florindo.

TABLEAU 4

Une salle — ou l' « altane » — de la maison de Pantalon.

Pantalon, le Docteur, Clarice, Silvio et Sméraldine sont en scène.

PANTALON. — Allons, Clarice, ne sois pas aussi entêtée. Tu vois bien que monsieur Silvio se repent : il te demande pardon et, s'il t'a offensée, c'est par amour. Moi-même, je lui ai pardonné ses extravagances : il faut que tu les lui pardonnes, toi aussi.

SILVIO, *à Clarice.* — Mesurez ma douleur à la vôtre, madame, et voyez une preuve de mon amour dans la fureur où m'avait plongé la crainte de vous perdre. Le Ciel veut que nous soyons heureux : ne répondez pas à sa bonté par de l'ingratitude. N'assombrissez pas par votre sévérité le plus beau jour de notre vie.

LE DOCTEUR, *à Clarice.* — Je joins mes prières à celles de mon fils. Madame, ma chère bru, pardonnez à ce pauvre garçon : il a bien failli devenir fou.

SMÉRALDINE. — Allons, madame ma maîtresse, qu'attendez-vous donc ? Un peu plus, un peu moins, les hommes sont tous cruels avec nous autres femmes. Ils exigent la fidélité la plus stricte, et, au moindre soupçon, ils nous persécutent, ils nous tourmentent et voudraient nous voir mourir. Cela dit, comme, un jour ou l'autre, il faudra bien que vous épousiez celui-ci ou celui-là, je vous dis, comme on le dit aux malades : puisqu'il faut prendre médecine, exécutez-vous.

PANTALON. — Tu entends ? Sméraldine te dit que le mariage est un médicament. Ne fais pas comme si c'était un poison. (*A mi-voix, au Docteur :*) Elle y viendra, elle y viendra !

LE DOCTEUR. — Non, le mariage n'est ni un poison, ni un médicament. C'est une marmelade, une confiture, une friandise !

SILVIO. — Mais, chère Clarice, est-il possible que vous vous taisiez aussi obstinément ? Je mérite vos reproches, je le sais, mais, je vous en supplie, que ces reproches s'expriment en paroles et non par le silence. Me voici à vos pieds : ayez pitié de moi.

Il s'agenouille.

CLARICE, *avec un soupir.* — Cruel !

PANTALON, *à mi-voix, au Docteur.* — Vous avez entendu ce petit soupir ? C'est bon signe.

LE DOCTEUR, *à mi-voix, à Silvio.* — Tu es sur la bonne voie ! Pousse ton argument.

SMÉRALDINE, *à part.* — Les soupirs sont comme les éclairs : ils annoncent la pluie.

SILVIO. — Si je pensais que, pour châtier ce que vous nommez ma cruauté, vous exigez mon sang, je vous l'offrirais de bon cœur. Mais, avant celui de mes veines, acceptez celui qui coule de mes yeux.

Il pleure.

PANTALON, *à part.* — Bravo !

LE DOCTEUR, *à mi-voix, à Pantalon.* — L'affaire est dans le sac.

PANTALON, *à Silvio.* — Allons, relevez-vous ! (*Il le fait se relever et lui prend la main.*) Venez là. Et vous aussi, madame, venez là. (*Il prend la main de Clarice.*) Allons, touchez-vous de nouveau la main : faites la paix, ne pleurez plus, souriez et qu'on en finisse ! Le Ciel vous bénisse !

Il unit leurs mains droites.

LE DOCTEUR. — Allons, voilà qui est fait !

SMÉRALDINE. — Et pour de bon, cette fois-ci !

Silvio, *sans lâcher la main de Clarice.* — Ah ! madame, je vous en conjure !...

Clarice. — Ingrat !

Silvio. — Ma bien-aimée !

Clarice. — Barbare !

Silvio. — Mon âme !

Clarice. — Monstre !

Silvio. — Ma vie !

Clarice, *soupirant.* — Ah !

Pantalon, *à part.* — Ça marche !

Silvio. — Pour l'amour du ciel, pardonnez-moi.

Clarice, *soupirant.* — Oh ! je vous ai pardonné.

Pantalon, *à part.* — Ça y est !

Le Docteur. — Allons, Silvio, elle t'a pardonné.

Sméraldine. — La malade est prête : administrez-lui le médicament.

Brighella, *entrant.* — On peut entrer ?

Pantalon. — Mais oui, mais oui, monsieur mon compère Brighella. C'est vous, hein ? qui m'avez raconté ces jolies sornettes et qui m'avez certifié que cette personne était bien monsieur Federigo ?

Brighella. — Qui ne s'y serait pas trompé, cher Monsieur ? Le frère et la sœur se ressemblaient comme les deux moitiés d'une pomme. Et puis, avec ces habits, j'aurais parié ma tête que c'était lui.

Pantalon. — Bon, n'en parlons plus ! Qu'est-ce qui vous amène ?

Brighella. — Madame Béatrice est là et désirerait vous saluer.

Pantalon. — Qu'elle entre, qu'elle entre : elle est chez elle.

Brighella, *à Pantalon.* — Cher monsieur mon compère, je vous demande encore de me pardonner. Parole d'honnête homme, je vous jure que j'ai fait ça en toute bonne foi ! (*A part :*) On ne gagne pas tous les jours aussi facilement dix pistoles !

Il sort.

Clarice. — Pauvre madame Béatrice, je suis si heureuse qu'elle soit tirée d'affaire.

SILVIO. — Vous avez de l'affection pour elle ?

CLARICE. — Oui, infiniment.

SILVIO. — Et pour moi ?

CLARICE. — Ah ! cruel !

PANTALON, *au Docteur.* — Vous entendez ces petits mots d'amour ?

LE DOCTEUR, *à Pantalon.* — Mon fils a la manière !

SMÉRALDINE, *à part.* — Oh quoi ! chacun d'eux sait jouer son rôle !

BÉATRICE, *entrant avec Brighella.* — Madame, messieurs, je viens vous demander de me pardonner tous les ennuis que je vous ai causés.

CLARICE. — Tout cela est oublié, n'en parlons plus.

Elle l'embrasse.

SILVIO, *manifestant de l'humeur à ce spectacle.* — Vous l'embrassez ?

BÉATRICE. — Comment ? Vous êtes jaloux même d'une femme ?

SILVIO, *à part.* — Je ne suis pas encore habitué à l'idée que ce n'est pas un homme.

PANTALON, *à Béatrice.* — En tout cas, madame, pour une jeune femme, vous n'avez pas froid aux yeux !

LE DOCTEUR, *à Béatrice.* — Je ne suis pas sûr que ce soit là un compliment, madame.

PANTALON. — Vous avez retrouvé votre amoureux, n'est-ce pas ? J'en suis bien aise.

BÉATRICE. — Oui, le Ciel m'a accordé cette joie.

LE DOCTEUR, *à Béatrice.* — Vous allez avoir une jolie réputation !

BÉATRICE, *au Docteur.* — Ce que je fais ne regarde que moi, monsieur.

SILVIO. — Cher monsieur mon père, laissez donc chacun agir à sa guise et ne vous occupez pas du reste. A présent que je suis heureux, je voudrais que le monde entier le fût. Y a-t-il d'autres mariages à faire ? Qu'on les fasse !

SMÉRALDINE, *à Silvio.* — Ma foi, monsieur, il y aurait bien le mien.

SILVIO. — Avec qui ?

SMÉRALDINE. — Avec le premier venu.

SILVIO. — Trouve-le et je suis ton homme !

CLARICE, *vivement, à Silvio.* — Qu'est-ce que vous dites ?

SILVIO. — Je me charge de sa dot.

CLARICE. — Il n'y a pas besoin de vous pour ça.

SMÉRALDINE, *à part.* — Elle y a pris goût. Elle a peur qu'on le lui mange.

ARLEQUIN, *entrant.* — Je salue humblement toute la compagnie.

BÉATRICE, *à Arlequin.* — Où est monsieur Florindo ?

ARLEQUIN. — Il est en bas et, si vous le permettez, il ne demande qu'à monter.

BÉATRICE. — Monsieur Pantalon, permettez-vous que monsieur Florindo vienne nous retrouver ?

PANTALON, *à Béatrice.* — Ce monsieur Florindo, c'est votre amoureux ?

BÉATRICE. — Oui, et bientôt mon époux.

PANTALON. — Il sera le bienvenu.

BÉATRICE, *à Arlequin.* — Prie-le de monter.

ARLEQUIN, *à mi-voix, à Sméraldine.* — Ma mignonne, je vous salue bien.

SMÉRALDINE, *même jeu, à Arlequin.* — Votre servante, mon petit brunet !

ARLEQUIN, *même jeu.* — Il va falloir que nous causions.

SMÉRALDINE, *même jeu.* — De quoi ?

ARLEQUIN, *même jeu, faisant le geste de lui passer un anneau au doigt.* — Si vous vouliez bien...

SMÉRALDINE, *même jeu.* — Pourquoi ne voudrais-je pas ?

ARLEQUIN, *même jeu.* — Il va falloir que nous causions. *Il sort.*

SMÉRALDINE, *à Clarice.* — Madame ma maîtresse, avec la permission de la compagnie, je voudrais vous demander une petite faveur.

CLARICE, *allant à l'écart pour causer avec Sméraldine.* — De quoi s'agit-il ?

SMÉRALDINE, *à mi-voix, à Clarice.* — Moi aussi, je suis une pauvre fille qui cherche à se caser. Il y a le valet de madame Béatrice qui voudrait m'épouser. Si vous vouliez bien dire un mot à sa maîtresse pour qu'elle consente à notre mariage, je serais aux anges.

CLARICE, *même jeu, à Sméraldine.* — Oui, ma chère Sméraldine, tu peux compter sur moi. J'en parlerai à Béatrice aussitôt que je serai seule avec elle.

PANTALON, *à Clarice.* — Qu'est-ce que c'est que ces messes basses ?

CLARICE. — Rien, monsieur. Sméraldine me disait quelque chose.

SILVIO, *à mi-voix, à Clarice.* — Est-ce que je peux savoir quoi ?

CLARICE. — Vous êtes trop curieux ! (*A part :*) Et après cela, on parlera de nous autres femmes !

FLORINDO, *entrant avec Arlequin.* — Votre humble serviteur à tous. (*Tout le monde le salue. A Pantalon :*) C'est au maître de céans que j'ai le plaisir de parler ?

PANTALON. — Pour vous servir, monsieur.

FLORINDO. — Si j'ai sollicité l'honneur d'être reçu par vous, c'est à l'instigation de madame Béatrice, laquelle a dû, je pense, vous mettre au courant de nos tribulations.

PANTALON. — Je suis ravi de faire votre connaissance et je suis sincèrement heureux que les dites tribulations se soient bien terminées.

FLORINDO. — Madame Béatrice doit être mon épouse, et, si vous voulez bien nous faire cet honneur, vous serez témoin de notre mariage.

PANTALON. — Quand les choses doivent se faire, il faut les faire tout de suite. Donnez-vous la main.

FLORINDO, *à Béatrice.* — Voici la mienne, madame.

BÉATRICE, *à Florindo.* — Et voici la mienne, monsieur.

SMÉRALDINE, *à part.* — Eh bien, ils ne se font pas prier.

PANTALON. — Nous réglerons nos comptes ensuite. Pour le moment, tous les deux, vous avez d'autres comptes à débattre !

CLARICE, *à Béatrice.* — Chère Béatrice, je me réjouis de votre bonheur.

BÉATRICE, *à Clarice.* — Et moi du vôtre, bien sincèrement.

SILVIO, *à Florindo.* — Me reconnaissez-vous, monsieur ?

FLORINDO. — Bien sûr : c'est vous qui vouliez vous battre en duel.

SILVIO. — Et je me suis battu pour ma plus grande honte. (*Montrant Béatrice :*) Voici l'adversaire qui m'a désarmé et qui a bien failli me tuer.

BÉATRICE, *à Silvio.* — Vous pourriez plutôt dire qui vous a fait don de la vie.

SILVIO. — Oui, c'est exact.

CLARICE, *à Silvio.* — Mais cela, pour me complaire.

SILVIO. — J'en conviens.

PANTALON. — Tout est bien qui finit bien.

ARLEQUIN. — Excusez, mesdames, messieurs et la compagnie, mais il manque le plus beau.

PANTALON. — Qu'est-ce qui manque ?

ARLEQUIN, *entraînant Florindo à l'écart.* — Monsieur, avec votre permission, un mot.

FLORINDO, *à mi-voix, à Arlequin.* — Qu'est-ce que tu veux ?

ARLEQUIN, *même jeu, à Florindo.* — Vous ne vous rappelez pas ce que vous m'avez promis ?

FLORINDO, *même jeu.* — Quoi donc ? J'ai oublié.

ARLEQUIN, *même jeu.* — De demander pour moi Sméraldine en mariage à monsieur Pantalon.

FLORINDO, *même jeu.* — Ah oui, maintenant je me rappelle. Je vais le faire tout de suite.

ARLEQUIN, *à part.* — Moi aussi, je veux avoir ma part de gâteau.

FLORINDO. — Monsieur Pantalon, encore que ce soit la première et unique fois que j'ai l'honneur de vous rencontrer, j'ose vous demander une grâce.

PANTALON. — Parlez, je vous en prie. S'il est en mon pouvoir de vous l'accorder, vous pouvez considérer que c'est chose faite.

FLORINDO. — Mon valet souhaiterait épouser votre servante : y voyez-vous un obstacle ?

SMÉRALDINE, *à part.* — Par exemple ! Il y en a un autre qui veut m'épouser. Si seulement je savais la tête qu'il a !

PANTALON. — Quant à moi, je suis d'accord. (*A Sméraldine :*) Qu'en dites-vous, madame ?

SMÉRALDINE. — Ma foi, si c'est un joli parti...

PANTALON, *à Florindo.* — C'est un garçon bien, votre valet ?

FLORINDO. — Il n'y a pas longtemps qu'il est à mon service, mais il m'a déjà donné des preuves de fidélité et il m'a l'air assez débrouillard.

CLARICE, *à Florindo.* — Monsieur, vous m'avez devancée dans une démarche que je devais semblablement faire. Je m'étais engagée à solliciter le consentement de madame Béatrice au mariage de son valet avec ma servante, mais puisque vous avez demandé celle-ci pour le vôtre, je n'ai plus rien à dire.

FLORINDO. — Non, non : s'il en est ainsi, sans plus insister, je m'efface devant vous.

CLARICE. — Votre courtoisie me touche infiniment, mais je m'en voudrais d'y céder. Du reste, à dire la vérité, je ne me suis pas tellement engagée... Je vous laisse le champ libre.

FLORINDO. — Non, non, il n'en est pas question. Monsieur Pantalon, faites comme si je n'avais rien dit. Je ne vous parle plus de mon valet et, même, je m'oppose absolument à ce qu'il épouse votre servante.

CLARICE. — Si votre valet ne l'épouse pas, celui de madame Béatrice ne l'épousera pas non plus. Il ne faut pas faire de jaloux !

ARLEQUIN, *à part.* — Elle est bien bonne, celle-là ! Ils se font des politesses et moi, je vais me retrouver sans femme.

SMÉRALDINE, *à part.* — D'ici qu'il ne me reste aucun de mes deux prétendants !

PANTALON. — Oh quoi, arrangeons ça ! Cette pauvre fille meurt d'envie de se marier : donnons-la à l'un ou à l'autre.

FLORINDO. — En tout cas pas à mon valet. Je ne voudrais pas faire cette injure à madame Clarice.

CLARICE. — Et moi, je ne permettrai jamais qu'on fasse cet affront à monsieur Florindo.

ARLEQUIN. — Moi, Vos Seigneuries, je m'en vais arranger cette affaire. Monsieur Florindo, est-ce que vous n'avez pas demandé Sméraldine pour votre valet ?

FLORINDO. — Oui, tu l'as entendu toi-même.

ARLEQUIN. — Et vous, madame Clarice, est-ce que vous ne destiniez pas Sméraldine au valet de madame Béatrice ?

CLARICE. — Tout au moins, je devais en parler à celle-ci.

ARLEQUIN. — Eh bien, s'il en est ainsi, accorde-moi ta menotte, Sméraldine.

PANTALON, *à Arlequin.* — Pourquoi devrait-elle vous accorder sa main, à vous ?

ARLEQUIN. — Parce que moi, je suis le valet de monsieur Florindo et le valet de madame Béatrice.

FLORINDO. — Comment ?

BÉATRICE. — Qu'est-ce que tu racontes ?

ARLEQUIN. — Un tout petit peu de calme ! Monsieur Florindo, qui est-ce qui vous a prié de demander Sméraldine à monsieur Pantalon ?

FLORINDO. — C'est toi.

ARLEQUIN. — Et vous, madame Clarice, à qui vouliez-vous donner Sméraldine ?

CLARICE. — A toi.

ARLEQUIN. — *Ergo*, Sméraldine est à moi.

FLORINDO, *à Béatrice.* — Où est votre valet, madame ?

BÉATRICE. — Le voici. N'est-ce pas Arlequin ?

FLORINDO. — Arlequin ? Mais c'est mon valet.

BÉATRICE. — Votre valet, ce n'est pas Pasquale ?

FLORINDO. — Pasquale ? Mais je croyais que c'était votre valet.

BÉATRICE, *à Arlequin.* — Qu'est-ce que c'est que cette histoire ?

Arlequin ne répond pas et demande pardon par des lazzi.

FLORINDO. — Ah ! coquin !

CLARICE. — Ah ! canaille !

FLORINDO. — Tu aurais donc servi deux maîtres à la fois ?

ARLEQUIN. — Oui, monsieur, j'ai fait cette action d'éclat. Je me suis trouvé sans le vouloir dans cette situation et j'ai voulu voir si je saurais m'en tirer. La comédie n'a pas duré longtemps, je le reconnais, mais j'ai tout de même la fierté de penser que personne n'aurait découvert mon stratagème si, par amour pour Sméraldine, je ne m'étais pas dénoncé moi-même. Je me suis donné beaucoup de mal, j'ai aussi commis quelques peccadilles, mais j'espère que, tous, vous voudrez bien me pardonner, ne serait-ce que parce qu'on n'a pas tous les jours l'occasion de rencontrer un valet de deux maîtres !

NOTE SUR « ARLEQUIN, VALET DE DEUX MAITRES »

En 1745, Goldoni est à Pise où il exerce sa profession d'avocat et, semble-t-il, ne s'amuse guère. Aussi est-ce sans trop se faire prier qu'il cède aux sollicitations de l'acteur Antonio Sacchi qui lui demande une pièce pour le Théâtre San Samuele de Venise dont il est la « vedette ». Antonio Sacchi, l'un des plus illustres « truffaldini » de l'histoire de la Commedia dell'Arte, avait déjà joué avec succès en 1739 *une comédie « à canevas » de Goldoni —* Les trente-deux infortunes d'Arlequin *— et c'était une pièce du même genre qu'il attendait de celui qui n'avait pas encore entrepris sa grande réforme de la scène italienne. Sacchi qui, selon les termes mêmes de Goldoni dans ses Mémoires, « ajoutoit aux grâces naturelles de son jeu, une étude suivie sur l'art de la Comédie et sur les Théâtres de l'Europe », suggérait du reste un titre à son auteur et lui proposait comme argument de la future comédie un « scénario » dû à un certain Jean-Pierre des Ours de Mandajors, qu'avaient interprété à Paris en 1718 Luigi Riccoboni et la troupe des Comédiens Italiens.*

Dans les grandes lignes, Goldoni suit le canevas de l'auteur français — surtout en ce qui concerne la partie romanesque qu'il rédige en entier — mais il humanise quelque peu le personnage de Pantalon et développe considérablement et avec le plus grand bonheur le rôle d'Arlequin, imaginant notamment la scène des deux repas servis simultanément.

A l'exception de trois ou quatre scènes par acte, celles où interviennent « les personnages sérieux », Arlequin, valet de deux maîtres *n'était donc, à l'origine, qu'une* commedia a soggetto, *mais, quelques années plus tard, surtout après avoir vu sa pièce, que Sacchi avait fait triompher, interprétée par des improvisateurs moins doués que Sacchi, Goldoni se décida à l'écrire tout entière et, sans doute, à noter ou, pour mieux dire, à fixer les jeux de scène, les « traditions » de l'incomparable Sacchi.*

Sous cette dernière forme, Arlequin, valet de deux maîtres *devait connaître une fortune extraordinaire non seulement en Italie mais aussi dans toute l'Europe : cette comédie, que Goldoni qualifie de* giocosa *(« bouffe »), est jouée en Allemagne et Gœthe la juge « excellente », elle est jouée à Paris, en italien, et Grimm, entre autres, estime que l'intrigue en est un chef-d'œuvre. En Italie, on n'a pour ainsi dire jamais cessé de la donner et, maintenant, son succès est devenu universel grâce à la Compagnie du Piccolo Teatro de Milan et à Marcello Moretti, inoubliable Arlequin, dans la mise en scène de Giorgio Strehler.*

*En France, où elle avait été traduite et jouée en 1763, puis adaptée au XIX*e *Siècle par Alphonse Royer, elle ne devait être reprise qu'en 1935, sans grand succès.*

La présente version s'efforce d'être aussi fidèle que possible à l'esprit de Goldoni, mais il faut souligner que, dans le texte original, Arlequin, Pantalon, Brighella et le Docteur s'expriment en dialecte ou avec un accent, ce qui donne à leurs répliques une couleur qu'aucune traduction ne peut rendre mais que devraient suggérer à la représentation un débit particulier, des tics de diction, un certain rythme.

M. A.

ACHEVÉ D'IMPRIMER LE 8 FÉVRIER 1991
DANS LES ATELIERS DE NORMANDIE
IMPRESSION S.A. A ALENÇON (ORNE).
N° D'IMPRESSION : I1-0138
DÉPÔT LÉGAL : FÉVRIER 1991